LOCUS

LOCUS

LOCUS

LOCUS

隨·身·風·水

改變命運，從改變身邊的物件開始。

隨身風水 01 手機來算命

作者：慧心齋主

責任編輯：葉亭君　美術編輯：謝富智

斑馬繪圖：BO2

手機繪圖：Lupo

光碟程式撰寫：陳慶帆

命盤插圖繪圖：施啓元

法律顧問：全理法律事務所董安丹律師

出版者：大塊文化出版股份有限公司

台北市 105南京東路四段 25號11樓

www.locuspublishing.com

讀者服務專線：0800-006689

TEL：(02) 87123898　FAX：(02) 87123897

郵撥帳號：18955675　　戶名：大塊文化出版股份有限公司

版權所有　翻印必究

總經銷：大和書報圖書股份有限公司　地址：台北縣三重市大智路139號

TEL：(02) 29818089 (代表號)　　FAX：(02) 29883028　29813049

製版：瑞豐實業股份有限公司

初版一刷：2003年9月

定價：新台幣 250元

Printed in Taiwan

Fortune Teller, Mobile Phone'

手機來算命

慧心齋主 著

國家圖書館出版品預行編目資料

手機來算命／慧心齋主著.-- 初版.
-- 臺北市：大塊文化，2003 [民 92]
面； 公分.（隨身風水系列；01）
ISBN 986-7600-06-1（平裝附光碟片）

1.改運法

295   92014029

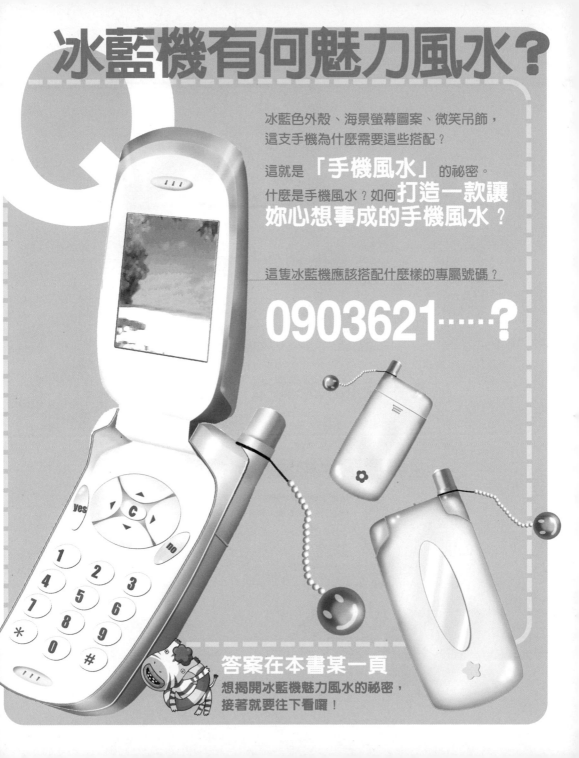

目錄

7 再來，我還可以量身訂做　125

如何量身訂做／紫微斗數的角度／用命盤來訂做手機
手機與命盤的互相對應、使用

往、下、翻、吧！

1
手機與我的命運

手機是一種新的選擇意識

　　我們一生中，幾乎每件事情都經過大大小小的選擇。生活中吃什麼穿什麼這類的選擇早已習以爲常，不覺有何特別，但一旦面對新的變化、或重大選擇，矛盾不安、對未來的茫然隨即而生。

　　因爲我們害怕選擇錯誤。要做出正確的選擇如此困難，使人覺得對於人生，我們根本掌握不了什麼。

　　因爲掌控不了自己的人生，所以在生活中，我們總是在設法找尋一些可以自己作主、自己選擇的事。藉由掌控這些事情，好像人生多多少少也變得較可控制。大多數人都愛shopping，shopping最迷人的地方，與其說是可以狠狠地花大錢，不如說是那種可以自己作主，要選什麼就選什麼的控制感。

　　在我們shopping的東西裡，要說最普遍的、男男女女都最喜歡的項目，大概就是衣服飾品了。人人喜歡買衣服，絕不只是一句「愛美」可以說明的。

　　正是因爲人生中有太多事情無法自主選擇、無法盡如己意地表達自我意志，衣服飾品，就成了種種社會限制下，吐露個人特質、說出自我心聲的代言人了。工作、人生目標有太多外力來干擾左右，我做的選擇都不一定是我真正要的，但透過我選擇的衣服，我可以表達真正的我。衣服飾品讓我覺得有選擇的權利，也讓我能夠傳遞自我訊息。

　　發展到現在已經十分繁複多樣的手機，也漸漸如衣服一樣，可以隨我們喜好任意搭配改變。

　　而且，手機提供的選擇機會，更為完整全面；手機具有聲光效果，不只選款式，從號碼、鈴聲、機殼、配件、開機或關機、接或不接⋯⋯等等，無一、無時不刻需要選擇，還可以一再推翻、一再選擇。

　　更多層面的選擇，當然就更能完整表達個人特質。

　　甚至，手機直接就是一個溝通工具，直接用來說明自己；在傳達自我這方面，手機更具代表意義。

　　手機綜合了種種選擇現象。**手機，就是我們選擇、並在表達的自我。**

　　透過這個自我代言人，我們可以了解自己；甚至在了解之後，透過手機做出新的選擇，去改變命運。

選擇可以改變命運，為什麼？

　　要談選擇如何改變命運，要先來談「命運」是什麼。

　　命運是先天條件和後天變化綜合形成，「命」跟「運」也可以拆開來看。

　　兩個都生於貧困之家的人，一個努力突破貧困的限制、一個怨天尤人，最後可能一個人生有成，一個鬱鬱而終。「生於貧困之家」是命，是先天的，經過後天牽連形成「人生有成」和「鬱鬱而終」的兩種人生狀況，這最後的結果，也是命。

　　除了個人先天條件之外，我們一生中在各階段的起伏時機，也是注

定的，這個時機，就是運。運可以人生整體來看，也可以十年、一年、一月、一日、一時來看，任何一個時間階段都有運可說。雖然什麼時候走什麼運，是先天的，我們無法決定，但選擇以什麼心態去面對與處理，卻可以改變「運」所帶來的影響。工作上不走運，被老闆解雇，正好去學新東西、充充電，念頭與作為一轉，壞運就正因為新的開始與創造而被改變、化解了。

　　所以很多人以為命運是注定的，其實並非如此。命運的形成，有先天條件、也有後天改變。先天條件當然是無法決定的，但後天是個人可以努力的；**命運，其實正是一個先天與後天綜合牽連形成的人生狀況。**

　　想改變命運，最好是能改變先天條件的限制。但改變先天條件不易，所以以改變後天行為模式來突破先天限制，造成命運的改變。**而行為模式的改變，就是從選擇開始**——選擇接受或選擇改變、選擇轉變心念與行動，選擇對的方式來輔助我們化解先天的命運、轉變出後天的命運。

　　想要以後天來改變命運，中國古來自有一門學問，就是風水。**風水也正是一門選擇的學問。**

風水是一門利用選擇來改變命運的學問

　　什麼是風水？

　　廣義地說，凡是與人互動的環境中，所有的線條、圖形、聲光的組

合搭配，都屬風水。不管是一片自然山河或一張人為的辦公桌，只要有人的想法投射其上、與之互動，產生各種圖形色彩聲光搭配，就有風水可言。

這個定義下的「風水」並沒有好壞。我們後來常聽到的風水，雖然往往指的是對環境的建議改善，但其實真正談風水，是要前後都涵括的；每個人都自有一種風水，覺得不好，針對哪裡不好，再用另一種風水去調整。

所以對風水的認知，應該這樣來談：透過自己遇到或造成的風水現象，去了解自己；了解之後，針對不足，去營造新的風水來改變自己的命運。

前面說的選擇可以改變命運，貼合在風水上，可以這麼說：

在任何環境中，只要人依喜好做了選擇，比如將一張桌子擺這邊而不是擺那邊，就會造成個人的風水。風水是從我們的選擇，選擇背後的個人喜好、想法而來的，什麼樣的想法，就出現什麼樣的風水；當然也可以反過來說，什麼樣的風水，就型塑出什麼樣的念頭。

這就是前面所說的，透過「行為模式／風水」的改變，去影響「先天條件／個人想法」。

懂風水的人，可以順著談、反過來談，可以從圖形色彩聲光的搭配，看出背後個人想法；也可以搭配一組圖形色彩聲光，去型塑出新的意義，帶動新的想法。有了新的想法、就跟著產生新的行為模式，當然也就選擇出不同的命運格局。

這就是風水改變命運的方法,當然,也是選擇改變命運的方法。

手機如何具有風水效果

既然個人想法經過選擇,投射在任何客觀環境上,呈現出的圖形色彩聲光搭配就是風水;這個環境就如前面所說,當然可大可小。大可以是山川地景,小可以說到辦公桌、身上穿的衣服,當然,還有手機。

更仔細地說,風水包括眼、耳、鼻、舌、身、意六大部分。以前五個部分展現,以最後一項「意」來統籌。手機也具有這六大部分的對應,以右邊的圖表來表示。

形成風水的種種因素,也都可以形成在手機上,**手機就是一個具體而微、隨身攜帶的微型風水。**

因為隨身攜帶,手機與我們的密切性更甚於住宅、車子、辦公桌等任何物品;又因為利用貼紙、吊飾……等調整起來,花費都比其他物品廉宜,所以甚至可以說,手機是一個新時代表現風水的工具。

	風水	手機
眼	所看到的景象，都屬於風水。	手機有款式顏色圖形可看。
耳	所聽到的聲音，都屬於風水。	手機有鈴聲、音樂可聽；手機傳遞人與人之間的聲音。
鼻	所聞到的味道，都屬於風水。	目前沒有香味手機，但說不定以後會出現。而手機仍在鈴聲與造型上，與「聞到的味道」相連結。喜歡香味的人，會投射選擇花朵圖案、粉嫩顏色；愛乾淨討厭異味的人，可能會投射選擇白色手機。
舌	所嚐到的滋味，都屬於風水。	嚐到的滋味，與手機看來似乎沒有關聯，但與「口感」會相連結。看來「噁心」、「令人作嘔」的手機顏色，較不受歡迎；稜角分明、不光滑的手機，與咀嚼、吞嚥困難聯想，也可能會遭到拒絕。
身	指身體，也指所碰觸到的感覺。都屬於風水。	手機也模擬身體，圓胖身材的人喜歡細長手機，可能是將自己的理想曲線投射到手機線條上。天線代表想法的一部分；螢幕代表心中的世界觀；喜歡穿紅色衣服的人，可能也會喜歡紅色的機殼。 觸感的連結上，手機摸起來也有各種觸感、掌握起來也各有感覺。
意	眼耳鼻舌身等感官負責接受，產生想法的仍是「意」，「意」負責統籌一切感官，「意」就是我們的內心想法，也是造成風水的主角。	透過手機的一切──號碼、顏色、配件、鈴聲，都投射出我們的內心想法、個人喜好，我們在手機上作的任何選擇、造成的任何風水現象，都是來自於內心的想法。

如何看待手機風水

就以上種種來看，我們對手機風水，可以從兩個層次來看：

一、 透過手機風水，去了解自己；

二、 了解之後，營造新的手機風水來改變命運。

以下將詳談的「透過手機風水來算命」和「透過手機風水來改運」兩大單元，正是就這兩個層次來談；一方面既可以從手機去了解自己、了解別人，又可以因應自己的不同狀況與需要，去搭配出不同的手機風水來輔助自己。

在這個高科技時代裡，手機與人的關係將越來越密切；了解手機，將是擁有自我、掌握命運的一條路。

2
手機風水來算命
號碼

手機號碼是手機風水的靈魂。與我們密切相關的所有數字，比如生日、身分證號碼……等等，都與我們具有、形成的能量相關，暗示著我們個人的行為模式與命運。不管是否來自於自己喜好的選擇，一組數字與我們密切相關絕非隨機偶然，都可以循此看出個人能量特質，及引申出的命運狀況。

數字怎麼會有這種魔力？以下接著一一來看。

數字哪裡來

「數字」，應該拆開來以「數」與「字」來看。1、2、3、一、二、三我們常說的「數字」，其實是「數字」的「字」，用「字」來表達數「數」的結果。

要說明數字的意義，不該單從數字的「字」來看，還要回到最初還未成「字」的「數」的部分來看。

最早的時候，沒有字的時候，人類如何表達數「數」的結果？

對於一個「數」，比如三頭牛，是心裡先對這個「數」有所感覺、體會、拿捏，心裡一一記著，三頭牛是這樣一頭牛、一頭牛、一頭牛的感覺。這個最初體會的感覺就是3，**未有字型表達，只有這個體會的感覺，這個感覺便是數字原有的能量。**3有一種感覺、7有一種感覺，3和7的感覺不同、能量也不同。

之後，因為未有字型，若想傳達自己體會到的感覺，就必須用手比、用比擬比較的、用畫的、用堆疊聚集的。

拿三顆蘋果指向牛，以表示牛是這三顆蘋果的數量；或是將五根玉米拿掉二根，讓人了解牛有三頭，這是比擬、比較。

直接畫出五頭牛，或是畫出五個圈、五個星號來代表五頭牛，這是用畫的。

數量很多時，就聚集堆疊，先堆成一堆，放置若干堆，就表示了一個更大的數量。若要再向別人說明，再像前面說的，去比、去畫。

因為數字最初是以這種方式表達，從數字的本質來看，是具有「時間」與「空間」意義的。

空間意義在「分布」與「架構」。

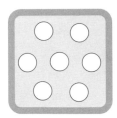

用畫的，7可以這樣表達（圖1）。在最初沒有符號7的時候，數字7是這樣的好幾種分布圖形。用堆疊聚集的，7則可以這樣堆疊聚集（圖2）。數字7也可以是這樣的好幾個架構起來的圖形。

圖1

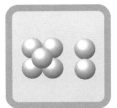

數字從「分布」與「架構」而來，因此，數字的本質，具有空間意義。

圖2

時間意義在「延續」。

用畫的，4這樣表達（圖3）；而5是4加上1，所以這樣表達(圖4)。用堆疊的，也是一樣，4疊好了(圖5)，再加上1，就變成了5(圖6)。

不管是用畫的或用堆疊的，每一個數字要表達，都得這樣一個一個加上去，先畫一個、再畫一個；因此每一個數字也都是前一個數字的延續，之間有前後、順序、因果關係。

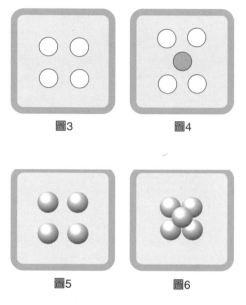

圖3　　　　　　　圖4

圖5　　　　　　　圖6

數字從「延續」而來，所以數字的本質，具有時間意義。

如何看待數字

所以數字是各具時間空間意義的，數字呼應人心中的感覺，是各有能量的。是之後演進變化，有了符號、再有了字型，才成為我們習用的1、2、3。但最初數字的出處，都是要用心去感覺它的空間與時間，才表達出來。數字原型是空間與時間的能量，字型只是後來用以負載的符號。

　　所以回到最初心中的感覺去看數字,數字可以與人互通;「命數」的「數」,在這裡與「數字」的「數」連結上。

　　命數的「數」,是定數的意思,就是每個人自有的能量。每個人都自有不同特質、能量,我們攜帶著自己的能量,在一生中跟別人相逢遭遇,發展夫妻、兄弟等關係,造成工作、婚姻等各種狀況,就是命運。

　　以人的自有能量去造成的不同命運,所以稱「命數」。

　　要想察覺自己的自有能量,可以藉由某些與自己密切相關的數字去反映出該能量,進而了解自己的命數。要知道自己的命數,可以從數字下手。

　　所以若要討論數字,應該剝除掉對「字」──符號的印象,直視「數」的能量。方法有一些,以下從「用畫的」、「用堆疊聚集的」,兩種方式來切入,方便我們去認識。但要真正的深入了解,甚而融會貫通,還是要恢復我們心中去認識、接觸能量的直覺與清靜本能。

如何解讀數字

　　前面說過,解讀數字要從數字的時間意義與空間意義來看。

　　一個數字有一個數字的時間空間意義,一組數字也有一組的時間空間意義。面對一組數字的時候除了分別研判各個數字,更要連結、綜合,就整組數字的相互關係來看。

　　這裡先提供兩個基本的、最可立即了解的,解讀手機號碼的方法。

解讀出來的結果，是以這個手機號碼「使用前後三個月」為階段，所呈現出來的階段現象。

第一種：將手機號碼全部相加。可以看出整體現象。

　　將手機號碼從左至右，一一加起來，變成個位數字。比如0123456789，0+1+2+3+4+5+6+7+8+9=45，但這是兩位數，所以還須再加一次：4+5=9，9是我們要得到的數字，但4+5=9的4與5，皆具有參考價值，也要留意。

　　數字由0至9，只有十個，看似只有十種分類。但其實4到9的形成，有許多方式，4可以是2+2，也可以是1+3；9，當然就有更多組合了。因此，用這些組合數字的特質來看個人，更可以分出差異（某人的9，可能是1+8的9，但另一人同樣是9，卻是3+6的9）。

　　全數相加的數字可以看出此階段的整體現象。還可以與身分證號碼、出生年、月、日（以西曆計）、健保卡、行駕照、護照、准考證號碼等，搭配互看。

第二種：看手機號碼末四碼。可以看出此階段中正在、即將面臨的變化與變化結果。

　　後四碼在整組手機號碼中，代表的是「自我察覺、認識之後引起的變化」。一組數字與一個數字相較，其時間空間意義又會因為數字的位置而加乘，後四碼各位置意義如下：

　　倒數第四碼，具有4的特質——穩固、穩定；因爲心中有了定下來的決定，因此引導一個新變化的開始。倒數第三碼類比3的特質，卡在一個前進或退卻的狀態，端視後面的號碼而定。倒數第二碼具有2的特質——依賴與一體兩面，準備延續之前的變化去順接最後一碼的結果、穩定在可也不可的兩面決定之間。最後一碼則具有1的特質——肯定，於是形成結果。

　　倒數第四碼是變化的開始；倒數第三碼在變化之後，停頓在前進或退卻之間；倒數第二碼延續前面的變化去順接結果；最後一碼形成結果。

　　以下提供的後四碼解讀，都要套在這個邏輯上來看。這個邏輯怎麼形成的？1、2、3、4等數字又爲何具有這樣的特質？在以下介紹數字0-9時，則會一一細講。

各數字的意義

　　每個數字，會先說明一個「能量意義」，能量意義是每個數字的最原始樣貌，請試著以不有分別的心去體會。

　　接著是此數字的本有特質及其延伸。以「用畫的」、「用堆疊聚集的」兩種方式，融合時間空間意義來說明。又因爲同一數字，組成不同意義也不同，2＋2的4、或1＋3的4，是有差別的，因此每個數字也會再以不同的組成來談。

　　書中不討論「0＋某數」的組成，因爲任何數字加上0，都是本有特

質的擴大、強調、發揚，請參考數字0的特質。所以「0＋某數」的組成，參考該數字的本有意義即可，便不再贅述。

最後是該數字位於後四碼不同位置的分析。要貼合前面所說的後四碼意義來看，你可以以任何一組手機後四碼去一一套入書中各數字的位置，做一個通盤解釋。最後一碼的數字特質可以再加重判讀，畢竟一個變化狀況，最重要的當然是結果。

最後還要提醒：數字原先只是自然存在，沒有好壞，延伸到人的性格上，才有正面、負面之分。要提醒自己：正負其實是一體兩面，全都源於同一特質，當正面存在，負面自然就消失了。

另外，這裡討論的數字解讀，於任何國家、任何廠牌的手機號碼都通用；為了避免爭議，作示範的手機號碼不以市面上現有的門號為例，僅用以說明解讀原理。

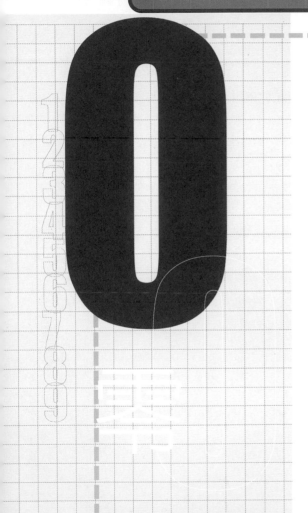

0的意涵

0好比是一塊土地上什麼都沒有。因為什麼都沒有，所以什麼都可以再加上去，0可以無限制的添加，再無限制的撤除。所以0既帶來開創，又可能趨向沒有。什麼都可以做，什麼都可以有，但也很可能什麼都沒有，要的時候什麼都可以要，不要的時候就什麼都不想要了。從無到有，是正面的；動不動就丟棄了，是負面的，所以0這個數字的關鍵，就在於如何讓歸零的時候，不會是一個中斷現象，而是醞釀，迎接一個重新開始。

0的組合

0象徵的既然是一個什麼都沒有、廣大的天空，任何數字的自成世界便都可以在其中恣意發揮。因此0與任何數字的組合，所呈現出來的多是該數字的本有特質，只

例

0908086180

全數相加，是3＋1＝4。做事有條理、在意效率、積極負責，有成就但也累積了壓力，又因為是1與3組合成的，容易覺得需要大說知心話。

從尾數0來看，想得到、又想放棄；想開始、又想等一下，覺得一無所有，一切歸零，想從頭開始，但也因此有點恐懼。

後四碼6180來看，6代表開始會想到為別人做些事，而1則是代表肯定這個主意不錯，接著8，表示想把事情做得更多更廣；最後的0，就是在這種「我做很多、經歷很多了，我覺得我一直在付出，我有點委屈、也累了」的心情下，乾脆決定停頓下來休息。

8已經很豐富、很完美了，但是與9相比，還有一個階段。這個號碼0一直與8交替出現，容易在開創與休息之間彈性疲乏，又因尾數是0，最後往往決定休息。不過還好總合是4，無論如何也是有自己的成績。

是更為強調、更為擴大。

0位於後四碼

0XXX：未來還在眼前，但想休息觀望一下，再考慮是否換個方向再出發。

X0XX：有點累，想休息，不過如果有人支持鼓勵的話，還可以再撐一下。

XX0X：已經很累了，但還是有一些事情留著未完。

XXX0：覺得一切都完成了，此時是一個休息一陣子的狀態。接下來會有兩種狀況，要不就是去創新開始，要不就是什麼也不做。

能量意義：發動

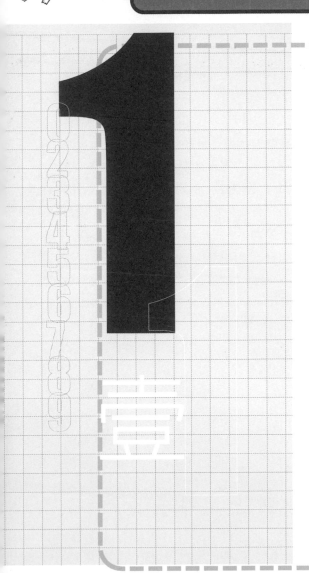

1的意涵

圖7

以畫的方式表達1(圖7)，1是0之後，空白大地上出現的第一個圓，引申出創新、第一、萌芽的意義。所以1既容易成為帶動創新的第一個，在受挫時，也還是有行動力待命，並非完全失去；對於受挫，可以坦然接受，會繼續努力、或另外尋找方向。

圖8

以堆疊聚集的方式表達1(圖8)，1的存在就是一個獨立的個體，無法堆疊，但因為獨立存在就是1的本質，所以1不需要也不必要去堆疊。所以1屬性的

例
0987654321

全數相加為45，4＋5＝9，9是一個圓滿的數字，彙合了1至8的優缺點和成就，同時也是個還原數字——一發展到一個程度，又從新開始，這表示經由努力，可以成功，但是一路發展下來，也必須隨時省察自己，隨時有重新開始的準備。

就後四碼來看，4321接著下來，有事情愈做愈順的意思。不過，也有點不耐煩，想要早點結束，因此宜防虎頭蛇尾。

這個號碼的特色是從頭順到尾，而且每個數字都有，一般人如果可以自己選，可能會喜歡這個號碼，一期好記，而且每個數字都有，好像很完美，其實不一定，因為不論怎麼分段去解讀，都是由多減少，由高向低。

雖然第一碼從0開始表示開創，但是最後一碼終結於1，最後還是偏向選擇一人世界，一人的堅持。

人能夠獨立，對自己的獨立也有自信，往往也會遇到需要獨立完成、不得不獨立完成的事。

從0到1，從沒有的空間中看見一個東西存在，心裡會產生「有」的感覺，這「有」的感覺，可以說是有了、具有、擁有、存有……等等，不在「有」什麼的多少大小，只是單純的「有」的感覺。這種感覺同時帶來肯定、滿足、知足等等感覺，1因為有這種「有」的感覺作為靠山，所以甚至也不那麼看重損失與失敗。

1的組合

1唯一的組合就是1＋0。這也十分符合1的特質，1就是什麼都沒有只有我，我是第一個，也只要我自己一個。因此雖為組合，也只能是「獨一」的組合，也仍然強調1的獨立自主、自信、自尊。

1位於後四碼

1XXX：自我察覺之後，決定從今天起，要學習獨立自信去面對未來的決定。

X1XX：有什麼事情想完成，如果找到友伴或助手，會安心些。

XX1X：有點擔心時間不夠用，想孤注一擲。前後相連數字可以協助研判，是否能夠在獨立自主後去完成。

XXX1：堅持自己的想法，有信心，也可能因為之前的種種狀況造成必須學習獨立面對，需要很誠實的跟自己相處，學到真正獨立的意義。

能量意義：豐富、多

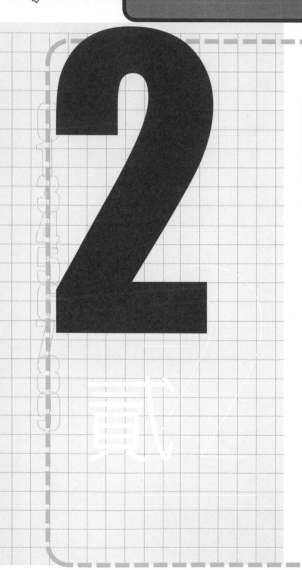

2的意涵

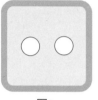

圖9　　　　　　圖10

以畫的方式表達2(圖9)，我們會這樣看：一次看兩個圓，或分別先看一個圓、再看一個圓。不論怎麼看，在心裡面，2會帶來「有一個、再加一個」的感覺與記憶。這種感覺再引申，就是「多了一個、多加一個」的「多」的感覺。所以2具有「還有」、「又有」、「豐富」的意義。

以堆疊聚集的方式表達2(圖10)，可以看到不管要堆疊要聚集，相疊或互倚，2都是要互相靠緊一些。引申出2會有伴，因此有依賴性，必須互相依賴，所以喜歡找

人合夥、約朋友喝茶談心之類的。2因為是雙，相伴，所以也會有一體兩面的現象；2屬性的人能夠兩面分析，善於與人來往，說話往往「換而言之」，做事也常常有兩個方向。

再引申出去，落實在具體生活中，因為2的多與豐富的潛在本質，使得2屬性的人可能因為朋友多、工作多、又兼差，或在人多的熱鬧地方工作居住，所以自然而然的忙碌著。2屬性的人所渴望的婚姻感情，更如一把傘下的兩人世界，需要互相依靠呵護。

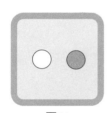

圖11

2的組合

1＋1＝2。(圖11)這種屬性的人，喜歡朋友，喜歡參加社團活動，希望有伴，通常也不會寂寞孤單。幾乎很快就會看清楚一個人或一件事的特質與優缺點，因而有時欣賞優點，有時又擔心缺點的矛盾。對別人如此、對自己有時也會這樣，這種矛盾在個性上、生活中都一再出現。

例如在有制度的大公司工作，收入穩定福利好，是優點；但升遷太慢、工作重複，是缺點，因此一面充滿矛盾的工作著，一面又知道不該想，要專心工作。

例
0910231562

全數相加，1＋1＝2，尾數也是2，這是一組2特質強烈的號碼。個性溫和、善解人意，喜歡自己安排生活，又喜歡跟別人一起熱鬧，是受歡迎的合群者。

後四碼1562，順著3連結下來的1，受到3特質的影響，再因為1的獨立，變得有些自我封閉的傾向，但接著來的5，會帶來隨心所欲做事的動力，甚至偶有不顧他人眼光的脫軌舉動出現；6接著帶來的影響，則是開始將這種自由與他人分享，帶著別人一起去做很多開心的事，最後終結在2，則是建立起平衡的人際關係。

此號碼的使用者喜歡輕鬆處理事情，旁觀者如果是急性子，恐怕會受不了。不過最後可能也會被他天生的幽默感給說服、影響，甚至跟著有點脫線起來。好在這個號碼的脫線，是一種輕鬆的個性，也許不做什麼大事，不過生活過得不錯，喜歡小酌、看看電影、跟朋友聊天。

2位於後四碼

2XXX：帶動人氣、開始接受團體、群體、開始有伴。

X2XX：處於一個修正、彌補過去不足的時機，會回看過去的經驗（即前一個數字所表現出來的現象），為未來做計畫。

XX2X：位於一個可也不可的階段，可能會面對一堆雜務，但還是會去做，會先有整理安排，自己做不來也會找人幫忙。

XXX2：2的一體兩面出現影響，有點滿足，覺得自己完成了什麼，也有點不滿足，會想還要再加點什麼。前面的數字若是8之類具有完成意味的數字，則會帶來滿足；若是7之類追根究底的數字，則還會繼續努力下去。

3的意涵

圖12

以畫的方式表達3(圖12)，可以這樣畫，如一個三角形；從3開始，圖形可以有立體變化。也正如上圖的畫法，是下面一個2，上面加一個1，2是增加1是獨立自有，3既是2加上1的結果，能量意義便是增加後的穩定。

從正三角形的圖形，可以說明3的本質，是開始造成美觀、造成平衡而美觀的圖形；這種潛在本質可以引申為：懂得創造、喜歡美的事物，所以從事與美麗、文藝、創造有關的工作最是合適，興趣也可能是喜歡繪畫或設計。

以堆疊聚集的方式表達3(圖13)，3是底下兩個，再放一個在上面。

例
0948468468

全數相加：1＋2＝3，3是天生有創意，但是必須將創意想想，學會用各種方法表達出來。好好了解自己，找尋適當的表達方法，這樣的話不一定要別人了解相伴，把自己投入創作之中，就是很幸福的事。

後四碼8468，順著6而來的8，會因為6的影響，覺得什麼都有趣，什麼都想參與；到了8，展現為事情太繁多，反而會因為顧不了而有點數衍；這時候接下來的4，就是在提醒自己要有原則，不能什麼都好都要。開始要求要有效率有自己，所以雖然接著的6與8則又帶來之前的熱鬧親和；但至少是心裡有底的。這個號碼適合從事娛樂演藝事業的人，善於展現才華，可以交上許多朋友。很多朋友不一定常見面，但心裡還是喜歡這種朋多的感覺，覺得朋友多好比財富多。因為8的影響，小心忙幫忙，心裡卻有點空虛。

圖13

不過這個堆法並沒有辦法立起來，得要有可靠的牆來撐著。這一方面引申出3喜歡創造，卻需要支持鼓勵；一方面也引申為無法自主、自信地表達自己，但因為3的圖像天份，比起以語言表達，3屬性的人更能以圖像表達。

不管用畫的或堆疊的，3的圖形都是一個三角形，正是一個平面上開始冒出尖角，這個「冒出來」的意思，正是3的矛盾。3屬性的人可能在突破創新時，又有「萬事起頭難」的現象，既可以創新突破，又同時會想要退縮。再接著上面所說的無法表達，真相是：3屬性的人並非沒有能力所以做不到，或不知道自己所以說不出。其實，他們有能力可以做到，但會退縮；也真心有什麼要表達，但怯以表達。且因為他們的不善表達，所以反而發展出敏感的觀察力。

也因為是一個平面上的突出，3屬性的人也具有某種領導潛能，然而他們並非著迷於某種成就感，也不會把領導他人當成人生目標，他們可能會造成風潮、引領流行，但對他們來說其實只是在肯定發揮自己的特質而已。

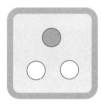

圖14

3的組合

1＋2＝3。(圖14)這種屬性的人，很肯定自己的能力和才華，有時覺得自己在人群中是置身度外的；又好比隔著玻璃在看別人，在一起仍有距離；有時候十分喜歡這種感覺，也會刻意製造。

因此會堅持做自己喜歡的事，或以自己的方式表達，雖然也可以明白別人的要求或想法，但卻寧可讓心中的 一塊玻璃隔開，不去與他人融合。覺得不管工作生活，有自己、少數知己就夠了。

3位於後四碼

3XXX：開始想做些不一樣尤其是有創意、能表達自己真實感覺的事。

X3XX：漸漸可以做些有創意的事，也可以表達，但還需增加經驗，及勇敢表達的能力。

XX3X：對自己無法用言語表達，開始有察覺與認識，想改變。

XXX3：做了些有創意與文藝相關的事，還算，願意保持努力。

能量意義：穩定與擴張

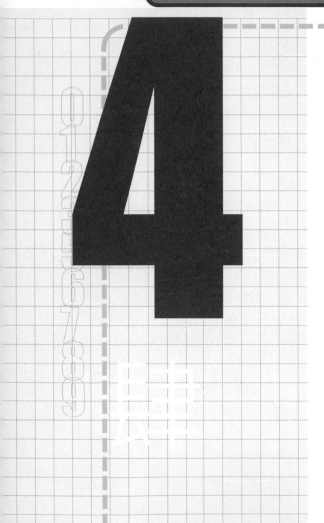

4的意涵

圖15

以畫的方式表達4(圖15)，4是第一個可以畫出四方形的數字。四方形看起來穩固，引申出安全感，從3到4，是無法穩固到能夠穩固，正是一個追求並增加安全感的過程，4因此追求安全感，也因為具有，而更需要增加安全感。

不管如何顛來倒去、從哪個角度看，四方形都是同一個樣，因此也引申出有意志力，不受環境影響而改變，當然另一面則是固執、不肯改變自己。因為不肯改變，4造成的正方形一方面帶來穩固的安全感，一方面也變成框架侷限了進步的空間。且因為能靠自己成功，所以有自信，不依賴他人肯定，也因此可能會有自我中心的傾向。

圖16

以堆疊聚集的方式表達4(圖16)，可以堆疊聚集成三個圓作底，一個圓當頂。4也是數字中第一個可以自行堆疊聚集而立的，因此4具有能靠自己、有自信、不依賴他人肯定的特質。

圖17

若拉開四個圓的間距，此圖形就可以成為一個立體三角形(圖17)。4同時還是數字中第一個可以發展為立體空間的。4不但已有自己的空間（平面四方形），還有繼續擴大發展的潛力（立體三角形）；所以只要更有創造力，更願意跨出框限，4可以一路進步。當然要有這種進步，4得有勇氣先踏出第一步再說，宜提醒自己未來是可預期的，以免4屬性的人對變化感到不安。

2懂得一體兩面，能兩面看清看透；4是2的雙倍，更是看得周到、俱全。4個點可以造成一個空間，所以4是有空間、架構的，有自己的國土、自己的空間，且能在其中自得其樂的。

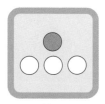

圖18

4的組合

1＋3＝4。(圖18)

3的特質中，有著想要表達自己的特性，遇上1的肯定自己，這種組合下的4，信心十足，也肯努力向上。

每個人都肯努力，但這種屬性的人的努力，除了是天

性，也是因為環境造成，外在的壓力讓他們不得不如此。這壓力也許是經濟壓力，也許是別人的言語刺激，也許是自有天賦卻被壓抑。他們的努力表現、發憤向上是為了解除壓力，在表達自己之後也會十分快樂，收穫更隨之而來。

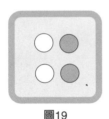

圖19

2＋2＝4。(圖19)

一個2代表一個團體，兩個2就有兩個團體，這代表一個多樣的、複雜的狀況，同時當然也就是有多種機會、多樣發揮。引申在人際關係上，表示這個屬性的人，可能會身處在一個大團體中，處理很多方面的事，面對很多人的事務；生活中是個規則很多、雜務很多的人；工作上，可能接觸的是人際關係與生活的結合的工作，例如工作中很多規則、很多項目，或跟大眾有關的工作。

4位於後四碼

4XXX：滿意現狀，但也期待改變的開始。

X4XX：已做了新的決定，但又怕受到原有想法的限制而動搖。

XX4X：對自己的決定，定在一個可肯定可推翻的狀態。

XXX4：不論做得如何，成功不成功，因為4具有的成就感，都會給自己掌聲與肯定，會對自己說：我完成了、我有收穫。

New Message

例
09078645703
（日本號碼）

例
0118924735
（韓國號碼）

以這個號碼來說，4的特質強烈，全數相加：1＋3＝4，在有效率、喜歡排名有所成就之外，容易覺得需要有人來說知心話。

而就各數字的搭配來看，6與5之間的4也在這組號碼中扮演著關鍵角色，4能夠有自己的主觀，而自身的自我限制、不再前進，會因為後面數字的搭配不而避免。因為從後四碼來看，5之前的4，有所成就固而也有些也被限制，所以5所帶來的自由，是突破後的自由，也因自由而快樂，接著的7，會開始思清楚自己究竟要什麼，想讓自己更好，於是在0的階段，會出現停頓、好重新開始的現象，最後終將在3，呈現出3的特質，說出來的話都在表達自己的真誠，並有所新創造。

全數相加，4＋0＝4。

這組號碼前後搭配，8與9的結合，引發許多為眾人利益著想的計畫與理想，具有某專使命感；而4的穩定、穩固特質，讓4在8的熱情、9的理想之後，得到穩定、規則的平衡，所以是在穩定定間，仍有熱情理想。

這組號碼的4特質，兼規則與理想一體，其規則中亦有人情，熱情中亦有堅定。

後四碼4735，4表達了規則的日子久了，想要向外尋求新顧與發展，接著的7發揮分析特質，研判自己可能的方向有哪些、自問還有哪些不足，接著的3，則是代表傾向創造一途，放下條例式的、非如何才能如何的想法，讓自己接受內心真實的想法，最後的5號代表著自由，但也因為前面4的效率與規律影響，讓自己的創新生活在隨性與規則之間變得平衡。

因此綜合看來，這個號碼代表了苦努力、對人生不失熱情、願意為大眾付出，一路付出探索之後，終於體會到如何跟隨去做。

能量意義：
自運能量不受限制

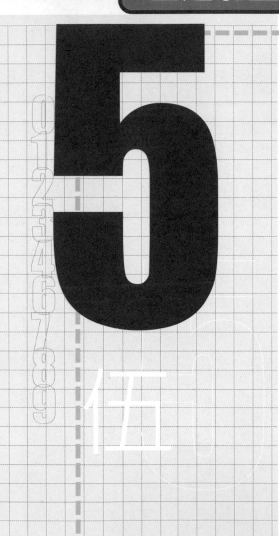

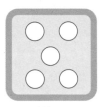

圖20

5的意涵

以畫的方式來表達5(圖20)，可以這樣畫。一個4的圖形中，再加入一個。所以5是一個四方空間中的中心點，受到包圍與保護；但也因為在中間，而有被關住的感覺，希望掙脫定局，有自由的空間。所以5具有創造、突破的本質，同時是希望自由、隨心所欲、不受框限的。

圖21

以堆疊聚集來表達5(圖21)，可以堆疊成下面四個圓，上面一個。這是在4之後的第二個立體圖形，與4相比，底部較大較廣；上面再放一個，表示有堅固穩定的支持，

發展更為安全。所以5屬性的人，往往因為安全而可以放手去做自己喜歡的事，不在乎什麼難以預知的未來。他們具有冒險性格，通常是以放鬆快樂的心態去找些冒險的事來做。

因為有安全的基礎，所以比別人有冒險的本錢，5屬性的人對按部就班的事不感興趣，如果是因為生活中有必須妥協而按部就班的部分，可以做些可自由發揮的業餘興趣，或冒險的娛樂，可以平衡被限制的感覺。

同時這個圖形也反映出5的特質，會覺得站立在人群之中，有獨立感及突出感。所以5屬性的人喜歡創新突破，也喜歡在人群中表現。

圖22

5的組合

2＋3＝5。(圖22)

2代表與人建立關係、溝通、同伴等。3代表創意，兩者組合起來，這個屬性的人，會有多方的腦力激盪。原本3的不善以言語表達，也藉由2的樂於與人互動而平衡。在2的同伴、雙人組合的基礎上，3能夠把自己的作品或理念，以輕鬆自然的方式成功展現。

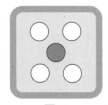

圖23

4＋1＝5。(圖23)

從圖形來看，4是一間自有框架的王國，一個範圍中，有自己定的規則。在這樣的一個規則與空間中，容納一個獨立自主、帶來創造和萌芽的1，就形成了一個自我揮灑的天空。這種屬性的人適合擁有個人工作室，

例
0976545505

全數相加，1＋0＝1。獨立性強、有自信、喜歡冒險、或一人獨挑全局。一旦決定目標就會堅持到底，可說是有毅力、不為人左右。

後四碼來看，5505充份表達了：自由一陣，停下來把自己靜空一陣，再追求自由，尤其是尾數終結在5，喜歡自由和有創造性的生活，如果工作太呆板，會想逃離去雲遊。如果有太多可創造想創造的，反而怕會不知如何取捨，結果只有東晃西晃，又覺得這也是自由，就一直這樣下去。藝文工作者、設計師、開個人工作室的，多能安於這種生活自得其樂。

全面來看這個號碼有545與505的組合，全部綜合，加上4的「成就」特質來解讀，這是打定主意要無拘無束、快快樂樂過一生的人；或是在使用這個號碼期間，覺得過點自由恬意的日子，再讓新開創人生，這樣也可自由得穩當些的人，展現出一種過渡期的現象。

在自己的工作室，也就是自己的理念規則中，又有自由度，可以追求快樂與成就。

5位於後四碼

5XXX：趨向讓自己過一種新的生活，改變以前給自己的硬性規定。

X5XX：在一個過程中，會有希望早點完成計畫的心態，好過些好玩有變化的生活，不過也並不會與現有的生活模式有太大的衝突。

XX5X：在照自己的意思去做事時，還會開始有「這樣好嗎」、「是否該有點改變」、「是否要做點有利他人的事」……之類的念頭。

XXX5：喜歡隨性過日，不想要任何約束，工作、感情、經濟上都是如此。如果前面接的是3、7、8、9等有成功、成就、完成意味的數字，那麼就是大吉了。

能量意義：擴散

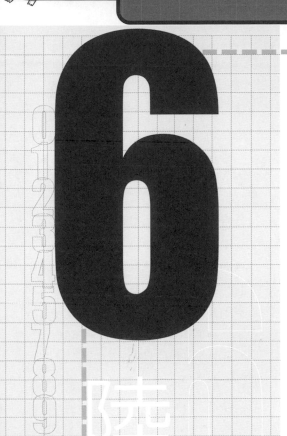

6的意涵

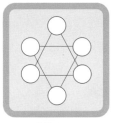

圖24

以畫的方式表達6（圖24），可以是由兩個3合併起來的圖形。這個圖形像一個星形，包含一個向上、一個向下的三角形，也就是一正一反的兩個3。

在所有數字的圖形中，6最特殊的是，因為融合了兩個互為顛倒的3，而具有正面與負面的共同出現。一個向上的三角形代表向上提升的力量，但是只有向上會帶來壓力，配上一個向下的三角形，正好得以平衡。就像中國的太極圖一樣，6的圖形，具有平衡和諧。

由這個圖形來解釋，6也像2一樣，不只一體兩面，更是一體多面，是多角度的延伸發展，能面面俱到、

合宜得體。也因為這種擴散輻射的圖形，6的本質需要向外、對外投射；
6屬性的人特別樂於助人、為人設想，有些人也會主動來找他們，因為6
散發的便是「我願意與你分享」的訊息。同理，若向外輻射而沒有回
收，當對方不接受交流，會使6屬性的人覺得無能為力、失去信心。

以堆疊聚集的方式表達6，可以有圖25、26兩種方式。圖26是三個三個一
上一下，圖26是四個在下，兩個在上；都不是很穩定的堆疊方式。讓人
覺得要靠著什麼，否則會垮下來。
從這些圖形引申出，6屬性的人，
雖然熱心，總希望幫忙別人，但反
而有點自顧不暇，或是顧了這個顧
不了那個。叫人擔心站不穩，總是
要依靠個什麼。因此也引伸出6對
他人的照顧反而使自己快要站不
穩、失去重心。其實堆疊起來的

圖25　　　　　　圖26

6，只要有牆可靠就平衡了；所以其實應該兩邊照顧，自己與他人都能有
重心，人際關係也就能平衡和諧。

因此6屬性的人，會在意人際關係中的面面俱到，願意去看人性與生活的
多層面，希望多學多體會；且因為自己實在很豐富，忍不住會希望跟別
人分享、想要幫忙別人，甚至到有點雞婆的地步；若只是單向一廂情願
的幫忙，就失去最初的好意了。6應該留意自己的平衡特質，時時調整回
來。

6的組合

圖27

3＋3＝6。(圖27)

一個3有一個初萌芽的、表達自己的力量，兩個3就有雙倍的力量，及雙面發展的空間。因此這種組合的6特別強調出創造力。這種屬性的人，可以一心多用、同時創造幾件事，可以多面解釋一件事，可以說是聰明。另一方面，這種活力向外輻射時，也會有點多管閒事，旁人或許會覺得做太多、管太多。

圖28

4＋2＝6。(圖28)

2是團體關係、4是穩固王國，2與4的組合，創造性雖小於3與3的組合，但也因此不那麼雞婆。這種屬性的人，會為大家的幸福著想，希望能為眾人做些事情，他們要不就是本具這種情懷，要不就是正好從事該類工作。有了物質上的豐收或精神上的快樂，便覺得有義務拿出來與週遭的朋友、親人分享。比如介紹朋友到自己工作的地方工作，或買房子給家裡人住。

圖29

5＋1＝6。(圖29)

5是自由，1是有自己。所以這個組合下的6屬性的人，喜歡也能夠自由做自己，懂得發揮才華，也能得

例

0943285416

全數相加，是4＋2＝6，有同情心、樂於助人、有創造力，因為人生經驗，會意來越大方、個性穩定。尾數也是6，6的特質、優缺點十分突出，很能幫助別人，替別人出好點子，反而一直掏空自己，使自己有空虛無助、甚至耗乾的感覺。

後四碼5416接著8而來，8的繁多龐大在後面的5416的遞減下受到抑制，接受4的影響，甘心回到框架之中，接著的1代表著重新認同自己，覺得改變後的狀況很好，終結在6，則是終能向外去付出，去分享，所以可能喜歡當社管工作者、顧問、義工之類。

到肯定。會一面顧著自己的生活，一面又考慮到是否因太顧自己，而忽略身邊的人。但在6特質的影響下，他們會覺得不該自己享受成功的果實，因此只要有一點好處，哪怕是中了兩百塊錢的統一發票，其實都是會拿出來分享的。

6位於後四碼

6XXX：把別人的事放在第一位，幾乎忘我的幫助別人，大部分的時候，自己覺得很有成就感。

X6XX：喜歡幫助別人，也同時注意到要把幫助別人的時間心力用來幫助自己，覺得很充實快樂。

XX6X：幫助別人，開始有點累，但又覺得不該輕易放棄別人不顧。

XXX6：自己在關心別人時會得到快樂，儘管有時還是會有耗乾、力竭的感受，但仔細想過如果不幫別人，自己的遺憾或自責更大。因此自己的心情平衡了以後，還是會及時幫助別人。

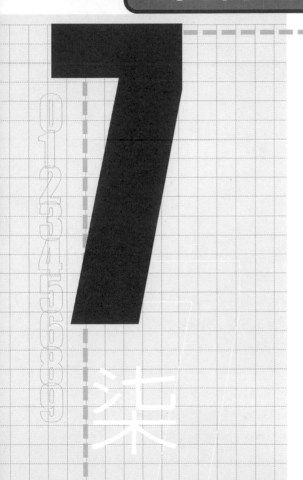

7的意涵

圖30

以畫的表達7(圖30)，可以畫出這個美麗的圖。

先有一個4的圖形，於4的兩邊，各加一個，便是6，然後在中間再加一個圓，成為7。

這是所有數字圖形中最好看的組合。由創新第一、獨立自信的1，加上懂得一體兩面、處理人際關係的2，再加上一個完整又懂得規則紀律，幾乎握有成功信用卡的4。7可以有這樣的展現，實在幸運，唯有經過這些數字的組合，才能排出7的圖案。但也因為這種組合下排出的7，可能是圖31、圖32或圖33，每一個都難以成圖，或也帶出無所適從的感覺來。所以7的本質中，會有一個追尋最好

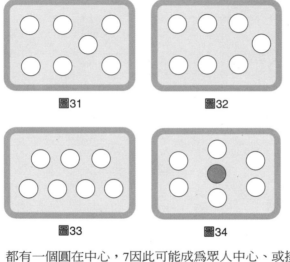

圖31　　　　　圖32

圖33　　　　　圖34

的、完整的心態，7屬性的人會在無所適從與找到答案之間來來回回，或在有了很不錯的表現之後還希望更好，不斷的求進步，想要更完美。

7的圖形也可以這樣表達(圖34)。6的圖形的中再加一個圓。這與上面的圖案一樣，都有一個圓在中心，7因此可能成為眾人中心、或接近大眾而被重視。

又因為7被許多的圓包圍，是第一個「複雜」的圖形。也引申出，需要分析、抽絲剝繭是7的狀態，非這樣才能心滿意足覺得有成。

以堆疊聚集來表達7(圖35)，可堆疊成兩個3、加一個1，好比4的堆疊狀

圖35

況；不同的是，7的基礎更深厚、更豐富。另一方面又因為有兩個3，而有著一移動就可能散開的不穩定感；因此7的特質中，會有不夠確定完整的感覺，未必接受自己現有的，而總是要把自己安放於最好最穩的位置。也因為一直嘗試、變動著新位置，7屬性的人也喜歡接受新資訊。

因為善於分析與觀察，7屬性的人，遭遇困難時，往往

不喜歡與人分享內在感覺，寧可自己處理，覺得只要向自己的內在觀察，不安與問題大多能夠解決。這也通常是7屬性的人解決問題的方法。因此7屬性的人，適合從事助人心靈成長的行業，或在朋友中扮演這類角色。也因為善於觀察，也適合進行各種研究，成為很好的研究工作者。

7的組合

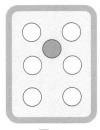

圖36

1＋6＝7。(圖36)

這個組合，是喜歡將自認為好的事情硬推銷給別人的6，加上獨立的1。這個組合下的7屬性的人，會在追求真理、分析人生遭遇中，把重點與遠景放在如何讓別人得到幫助、過得更好，一邊探索自己的經驗，一邊又希望讓別人也透過這個經驗得到收穫、過得更好。

圖37

2＋5＝7。(圖37)

2代表人際關係，5代表自由，這種組合下的7屬性的人，在追求真理、真相以及分析事情時，更會顧慮到的是他人的想法立場。因為5的影響，處理事情能隨緣，不鑽牛角尖。因為2的影響，這種7屬性的人較不孤單寂寞，但也因為2的影響，分析事情時，也會顧慮對方、兩面顧慮，在多方評析之下，自問自己的決定是否是對的。

例
07012485617
（日本號碼）

全數相加，4＋1＝5，這組號碼則有5也為7的特質，判斷重點就在5與7的相互展現，展現出5的自由特質，喜歡自由創業的生活工作，如果工作太呆板，就會想逃離去旅遊。

後四碼5、6相接，5因為自己的自由、隨心所欲，而覺得不只自己快樂，也應該與人分享，讓主了6的希望別人要開心，為別人奉獻的特質，接著的4，是在連續5的分享太過分、太失去自己時，想要肯定自己、重拾自己；終結在7，則是將自己的重心從他人身上轉移，而開始各種嘗試，追求各種新資訊，5、7互補下，這號碼的使用者，會一個學新東西，但是為了想學才學，並非為了名利，所以也不把錢看在眼裡。

3＋4＝7。(圖38)

3創新與不善以言語表達，加上4的自有王國，兩者的組合讓3促使4突破現狀，開始多了解自己的需求。這種組合下的7，其探索之路，以突破與創新為主要目的。3具有觀察力，所以此屬性的人在探索中多以觀察為主要方法，具有敏銳的觀察力，

圖38

通常要在多方觀察之後，再進行計畫。

7位於後四碼

7XXX：開始進入新的人生階段，學習以分析的方式看清事實。

X7XX：覺得自己早該如何如何，想表現自己的能力給大家看。

XX7X：想給自己自我挑戰，找新的努力方向。

XXX7：計畫可以順利完成，只要不懷疑自己是否盡了全力，其實是有收穫的。

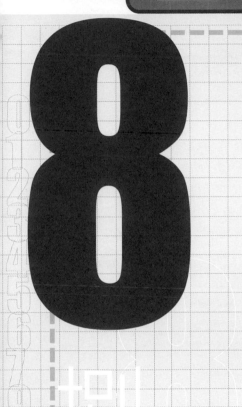

8的意涵

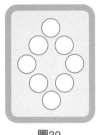

圖39

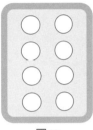

圖40

用畫的方式表達8，8可以畫成圖39、圖40的樣子。這兩個圖是8的表達方式中最廣的，也是所有數字中僅次於9所能畫出的最大領域。

圖39是由兩個不同方向的4圖形組合成的，4的本質是自有天空，兩個不同方向的4組合在一起，表示天空的範圍更大了，可以接受更多其他的角度。因此8也意味著花樣繁多，可以從事多種行業、學習很多東西。

因為可以多學多計畫，也表示心

胸廣大、計畫龐大、希望擴張到最大，8的特質，也是以不斷增加擴張爲樂事、目標。

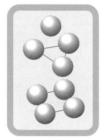

圖41

8可以堆疊聚集出一個很穩固又美麗的立體圖形(圖41)，這是其他數字無法做到的。如上圖，底部第一層是4，中間是3，最上層是1。所以8具有1、3、4三個數字的特質，有3的創意、4的自我成就、1的個人表現，綜合起來，是成功的象徵；但同時1、3、4的負面特質——認爲自己是第一、有才華、又有自己的天空——在成功之餘，使得8屬性的人可能亦有自滿，需要謙虛些。

從這些堆疊圖形來看，可以看到這些圖形缺乏中心、引申出8也有略爲空泛浮誇的部分。8屬性的人，可能會避開說出眞實感覺，讓人摸不透，才覺得安全。且又受到3的影響，用語言表達這方面可能都略爲負面。3是無法清楚表達自己，所以乾脆不表達；若是表達了，又可能一不小心受8特質的影響，不太符合心裡眞實的感覺。

8屬性的人適合從事以圖像或藝術來表達自己的工作，或培養相關興趣。8由於是由兩個4所組成，自有固定的王國，若多能與6屬性的人相處，受6的分享助人特質影響，也許更能交到知己好友，人際關係更圓滿。

8的組合

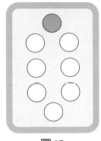

圖42

1＋7＝8。(圖42)

1有獨立精神，7有探究本事，兩者組合下的8所具有的成功，是一步一腳印、老老實實走出來的。此屬性的人對自己的白手起家也很自豪，也恨喜歡跟別人分享這種經驗，透過演講、聊天、寫書，有機會便樂於與人分享經驗。畢竟他所接受的磨練也值得公諸於世。

圖43

2＋6＝8。(圖43)

2的人際關係、6的分享助人，兩者加起來，正好形成良好的群眾基礎。並且2正是6的服務對象，男女老少、支持者反對者，一樣不缺。由這兩者形成的8，有群

例
13623978131
(大陸號碼)

全數相加，4＋4＝8。8有成功特質，有經商的天賦與興趣，懂得如何運用人際關係，知道什麼時候該說什麼話，是很好的業務、推銷高手。因為8這個數字也有點浮誇特質，所以宜以誠實為本，既留住情人家人顧客，更使人樂於介紹新的機會或朋友。

後四碼8131，8後面的1，一方面肯定8的繁榮與成功，另一方面也肯定了8的浮誇；接著3的難以表達真實自我，最終結在1的自我、肯定、獨立。所以就後四碼來看，可能會是一個較會說大話的人。

受8的影響，整體看來這是一個適合商人、企業家的號碼。此號碼的使用者靠自己的努力成功，但也帶來自滿，尤其終結在1，會有點自我中心。

眾、有各種聲音意見，格外熱鬧。此屬性的人會有應付各種人與事的方法，多半表現不錯，但也可能有不為外人道的委屈。

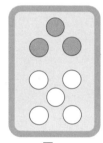

圖44

3＋5＝8。(圖44)

與其他的組合相比，3與5的組合是比較突顯優雅、隨性及個人隱私的。5的具有自己自由的天空，加上3的暗自觀察，讓這種8屬性的人會喜歡在一個寬闊的不被打擾的範圍中，觀察別人的作為，保有與人交往的距離。好比住一個有大院子的別墅，別人看得到，但無法直接接觸，屋主在好房子中 看得到外面的熱鬧與風景，但又不會被打擾、逍遙自在。這種8屬性的人也會有計畫的努力去得到這種生活。

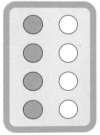

圖45

4＋4＝8。(圖45)

一個4由兩個2組成，兩個4組成的8，表現出多方人際關係、和人際關係帶動而來的事物。此屬性的人，因為這樣的人際經驗，有很多的學習的機會與環境，也可能吃過不少苦，認清許多事，人生經驗促使他無論在任何狀況下都保持警覺，以免壞事。可能會因此難捉摸、性格上也有許多面向，努力之下，當然也會有雙份收穫。

8位於後四碼

8XXX：幾乎是志得意滿了，但還是覺得未來有很多機會，只要不太累，時間沒有佔滿，都還想節外生枝去找事來做。

X8XX：喜歡讓別人知道自己成功，不希望自己走下坡，雖已經小有成就，反倒會去找更多事來開發。

XX8X：覺得得到很多，在一人獨享之外，想要更踏實點，所以想去做些服務大眾的事。

XXX8：某些既定目標的完成。是一個完成狀態，之後不一定會再去發展什麼。

9的意涵

圖46

以畫的方式表達9(圖46)，9是一個完美的圖形，由兩個不同方向的4的圖形當外圍，中間放著個1。4代表規則效率、肯定自己的觀念、有屬於己的天空；由兩個4的圖形組成，加上了一個圓，成了一種新的、不同的表達方式，就變成了9。所以9可以按部就班、層次分明，但也有自己的看法，可以更寬廣、包容。9屬性的人具有做大事的潛能與胸襟，也想著要做大事；但同時又因為目標的高大，使得自己難以接受失敗的經驗，反而流於唱高調。

所有數字中，9是廣大、最具有心量潛質的數字，所以心地慈悲、同情心豐富；喜歡誠實的人，也

能體諒別人。所以大多數有著吃軟不吃硬的個性，若有人刻意裝誠實、或以眼淚當武器，9屬性的人多半會心軟同情。

9的圖形比7的圖形還多了兩個圓，比起7的完整，9更是完整。9同時也有這樣的自知，所以9屬性的人，若是真的自知就懂得謙虛虛心，否則反而可能是處處要求別人如自己一樣，而變得挑剔。

以堆疊聚集的方式表達9(圖47)，是一個很美的立方體。中間包著一個1，

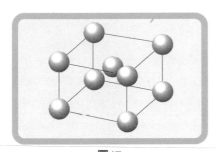

圖47

好比圓心；四周八個圓，好比圓中還含有一個立方體。意味著9具有世界觀、整體性的架構。所以對9屬性的人來說，工作生活，都抱著與大家一體、帶領著大家去成就的情懷。

也因為具有帶領大家去成就某事的特質，9屬性的人同時有成為大師級

人物或世界性代表的潛力。當然範圍縮小下來，也可能是說話有份量、在團體中領導他人、有個人工作室、或具有發明才能的人。

另一方面，9屬性的人會因為自己的完整，看不慣別人的缺點；若看到別人的缺點，又會因為要求自己包容，而忍著不去表達或建議。以至於要不就是看到別人的不足就說出來，要不就只好事事自己來完成，反而使人有雞蛋裡挑骨頭的感覺。

9的組合

1＋8＝9。(圖48)

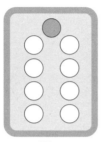

圖48

幾乎可以說是天寬地闊的8，配上獨立又在萌芽的1，使得此屬性的人會把理想設定得崇高而偉大，也具有領導的潛能或慾望，甚至可以成為某種理念的帶動者。如保護流浪動物、生態保育等等。實際上也可能成為基金會、公益團體的帶領者。

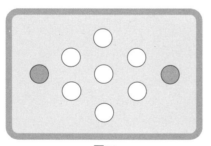

圖49

2＋7＝9。(圖49)

喜歡探究的7，加上代表群眾的2，使得這種組合下9屬性的人，在個性上表現出對真理或玄奇、靈異、外太空之類的事情，特別有興趣。當然也可能在生活中實際參與研究，或是熱心於與宗教有關的活動。而且在2的影響下，是以大眾利益為取向的。

圖50

3＋6＝9。(圖50)

這個組合下，3的難以表達，使6的助人特質呈現在幫助人把心裡的話說出來，或是開發潛能之類。因此這種屬性的人可能成為諮商師、心理醫師、律師

法官、牧師之類。9的理想宏大，更使此屬性的人樂於提升他人的精神層面，並教學相長，讓自己更進步；此種提升通常是以帶著大家一起實現理想、付諸行動的方式展現。

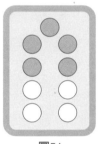

圖51

4＋5＝9。(圖51)

自由快樂的5，與規則條理的4放在一起，好比放風箏，一方面緊拉著線，一方面設法讓風箏飛得更高——掌控與自由放縱同在。因此這種屬性的人，會要求、希望自己心靈自由、行為合乎常理。一番體會學習之後，他自己做得到，也能幫助、影響別人做到。此屬性的人若把心中的這種理念表達出來，會從事藝術、心靈導師相關工作，或身為一名德高望重的人物。

New Message

例
0981276379

全數相加，5＋2＝7。敏銳、觀察力與思析力都強上喜歡去突破完成一些具挑戰性的事，或嘗試解決人生問題，因為想追求真理真相。後四碼的關鍵在6如何發揮作用，因為6的影響，會忙於為別人付出，容易讓大部分做個好員工、稱職的父母及兒女，反而忽視了自己生活的意義。接著的8，雖然知道自己的潛能，卻沒法找表達，7的喜歡新嘗試卻讓現象接收許多不必要的資訊，且流於9帶來的妄想作祟。所以此號碼是一個很大眾化的號碼，但也可以審視自己如何發揮出8的遠大理想，但若能夠自我察覺、改變，379也能呈現出好現象來，3、7都有能知道自己方向的特質，9則是具有理想，所以能朝自己想要的目標前進。要記得自己的特質還可以求新的，試著了解生命的意義，才是活出自己。

9位於後四碼

9XXX：有服務社會人群的想法，並開始計畫安排。

X9XX：回顧自己的過去狀況，覺得以無私無我的超然態度來做事做人是最好的。

XX9X：肯定無私無我是該去追求、擁有的美德。

XXX9：發現自己當自己真實的好朋友是愉快美妙的，也很滿意以這種方式對待自己，並漸漸有能力真心無私的對待別人。

3
手機風水來算命
機型

短方型

個性

雖正直，但也保持適度彈性。
凡事以大局為重，會要求自己包容、懂事。
相信努力就會有收穫，通常可以踏實生活。

健康

知道作息正常對健康很重要，不過還是會不時喝個小酒，熬夜打個小牌之類。
需注意遺傳問題，其他保健方法則靠規律運動與平日保養。

工作

以忠心的態度面對工作，即使是自己不太喜歡的工作，也會調適。
希望工作的時間固定，好安排其他休閒，但如果要加班也可以忍耐接受。
工作環境只要合情合理，就可以待得久。
因努力而累積的經驗、人脈，是升遷的最大資源。
除了一般工作之外，也願意當義工、社工。

錢財

可以對錢財有一番不錯的規劃，例如30%購屋、30%儲蓄等，而且也
會盡力去做到。
平時掌握得體，有急用時就OK，宜提防投資或互助處理不當。
大事業、大生意是可以考慮的，因為有可能與合夥人組成有規則的公
司、有制度的經營。

愛情

保守中有熱情。希望自己是好情人、好丈夫，但是「好丈夫」的機會比「好
情人」大得多。因為容易覺得「非得怎樣才算得上是愛情，不這樣就不算」，
如此就不夠羅曼蒂克了。
談戀愛時，也許很專心、很投入，想要找對象時，可能就會多考慮挑選。

New Message

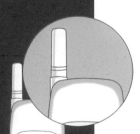

有天線的手機

偏愛這種機型的人，會認為人應該奮發向上，不斷努力，做事有根據，依循規則，有話該說就會直接說出來。同理，有話想說卻表達不出的人，可以選擇有天線的手機，因為向上直立的天線，可以增加發音的勇氣。怕自己說太多又說的不好聽，怕得罪人，不妨加上天線戒指，或使用顏色柔和的閃光天線。

某些特別選用有天線手機的人，會樂於在感動時算算單的人，一方面為了人際關係，一方面自己的個性就喜歡這樣，懂得想些有趣、特別的點子追求異性，讓對方注意你。

保持心平氣和，注意因激動而生的疾病。

中廣型

個性

會有自己的見解，也頗能支持肯定自己的見解。若別人也支持自己，會感到窩心，很可能就和他變成知己好友，覺得這一生很有意義。

會希望把這種特別見解跟工作結合，若沒機會，就容易跟生活結合。

很有個人特質、魅力的人容易接受這款機型。

健康

生活作息要正常，小心不要有游泳圈，才能維持良好健康。

多吃黑色食物，芝麻、海帶之類，預防掉髮、禿頭，以及皮膚疾病。

加強練習與「發聲」有關的氣功。

運動特別對你的身體健康有幫助。

工作

個性上的特別見解，若融入工作，又成為生活中的一部分，便很有機會成為代理人、仲介或是專利代表。

有很多工作理念、企畫，適合行銷、廣告。

有成為工作狂的潛在因子。

如果無法成為行銷廣告工作者，也宜考慮把自己的理念用其他方式表現出來，或考慮做些與「發聲」相關的事情。比如：廣播工作、推銷工作。

錢財

個人的特殊見解，若正好是理財方面的，那麼有機會成為幫別人理財、自己賺薪水的人，比如會計、總務，也可能是會計師、分析師。

若個性上並非長於理財，那麼對錢財就通常只會以「積聚」的方式來處理。宜提防像「被騙」這樣的意外損失。

愛情

覺得天下人都可愛，值得愛，所以人生中有某個階段，也許有點風流，不過這種「風流」，有可能只是在紙上、網路上或心裡面。

所謂的愛情不侷限在個人的小情小愛，通常還有施予「大愛」的潛能，願意為人群服務。

New Message

手錶式手機

這種手機可以像手錶一樣戴著，有時間顯示、兼具手錶及手機功能，無按鍵、聲控。

特別挑選這種手機來使用的人，在意效率、不喜歡被拖累，脾氣有點急、喜歡發號施令，有領導才能的人，容易喜歡上這一款，通常也行事乾淨俐落直接，不在意別人知道自己什麼。

這也可能是手機愛好者的第二或第三隻手機，用來與一般手機同時搭配使用。

按鍵的風水-1

較喜歡凸出按鍵的人，通常會挑重點做事，也很在乎成就感。

較喜歡平面按鍵的人，與凸出按鍵的使用者相較，不會去特別強調、強化什麼，也多了些仔細與瑣碎。

個性

有挑戰個性，也能夠安於階段性的完成；認為「休息」是為了走更長遠的路，但長期休息就不認同了。

不太能安於長期靜思。

經過人生歷練，會培養出自我肯定的個性，也會產生獨特的幽默感。

喜歡、或有機會接觸玄學、哲學、宗教。

健康

有先天遺傳疾病者，不宜使用此款機型。

以氣功、瑜珈、打坐來養生，可因此得更多體會，成為調整身心的良性循環。

少飲酒，並遠離刺激性食品。

宜注意肝臟及眼睛。

工作

工作努力，但有時仍覺得障礙不少，須一再突破。

潛意識裡，似乎覺得障礙是自己設的；有障礙，才能證實成功，也認為人生必須要有些障礙，才能獲得真正的成功。

希望一切完美、美好，因此也可能有藝術潛能。

錢財

不太有理財觀念，但知道應該要節省。

愛情

需要特別的人出現，才能化開心中的情感。當那個人尚未出現時，也可以安心等待。

對愛情既有崇高看法，也有稍微傳統的看法。

婚後會要求自己安於家庭生活。對配偶有些意見，不一定會溝通，而是轉移生活的焦點。

New Message

有機蓋的手機

特別挑選有機蓋的手機的人，有不願意公開的「隱私」，但另一方面，當「隱私」曝光時，也能不以為意。

希望自己能夠不迷糊，光想任何事，總是帶著好奇、學一學的心去參與很多計畫，但往往也會因為衝著那一時的機緣與好奇跟著別人去做，導致事情做一半就停下了。

喜歡自由自在，有自己的天空，但也喜歡在特定專業領域上有所發展，如果能在特定領域中自有天空發揮，那是最好了。

喜歡把活動力展現在「有趣又好玩」的活動上，所以宜注意運動傷害。

按鍵的風水-2

排列整齊的數字鍵，訴說著直接穩重、功能鍵的形狀，既可聯想一隻迷你的、優雅的老鷹，同時具有花開的形狀，代表理想、展望、飛翔。許多在工作中獲得樂趣與成就感，又不斷前進的人會喜歡這款按鍵。

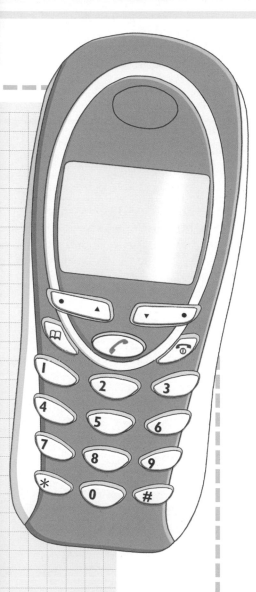

小巧型

市面上的手機越來越小，也許當初你選擇的小巧手機到現在已經不算小。但只要你當初看上這隻手機，是因為它的小巧玲瓏；或者挑選手機特別在意它是否小巧的，都可用下面所說來驗證一下。

個性

希望能掌控、掌握全面，自然也有掌控的能力與天份。
有領導潛力，對不能掌控、掌握都會較為在意。
脾氣急躁與壓抑兩種極端個性皆有。若還有機蓋的，會更需要他人的呵護協助使自己調整。無機蓋型以青色80%，銀色20%的搭配最佳，這樣的搭配能多少具有調整效果。

健康

若是此機型又有機蓋，宜注意因為緊張、壓抑而引起的疾病。
遇良醫的機會很多，只要能夠勇於嘗試接受，都有不錯的結果。

工作

對工作的態度是：因為希望自己有所表現，所以才工作。
對工作有相當的選擇性，除了自己喜愛的之外，還會加上其他考慮。

錢財

若是無機蓋的，懂理財，但有時可能弄巧成拙；有時在意面子，使得收入與支出之間未必平衡，但總是可以過一般生活。
若是有機蓋的，則懂得運用金錢，也能為自己的理想花錢。知道保有錢財備用的意義，所以如果沒有特殊狀況，也可以生活無慮。

愛情

若是有機蓋的，通常都很需要愛、了解、關心與呵護，也懂得給同性或異性同樣的支持。一旦得到愛，會因年齡增長，愈懂得珍惜。他們也變會吃醋的，會在意情人、配偶所交往的朋友。
無機蓋的也會有上述現象，但對「吃醋」一項比較看得開，懂得以「關心」代替介意。

New Message

有照相功能的手機

照相手機是新產品，價位總是較高。願意以高價位去購買不那麼普及、普遍的產品的人，表面上看來是追求時髦，內心投射的可能是樂於接受變化、創新，也很願意在這方面滿足自己。

照相是為了留存記憶，與朋友共享，被照相功能吸引的人，基本上也是戀舊重感情，熱情周到時略有不甘寂寞。如果你想讓生活更有趣、要多與人互動的機會、更肯定自己的觀察與喜好，可以選擇照相手機。身邊有朋友正鬱鬱不樂嗎？手機功能或許可以逗他開心，還可以間接讓他開始佈置家裡，或做些拓展視野心胸的事。

項鍊型手機

這款手機沒有按鍵，聲控、輕巧，直接有可吊掛的帶子，適合佩帶於頸部，所以我們用項鍊式來稱呼它。

這款手機風水透露的是：個性直接、不想滋生枝節，可以明快處理事情不堆積，能使親密的人仔細聽清自己說話。

若佩帶睡前，不要剛好遮住胸口正中

 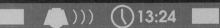

個性

有一定的原則規律，希望自己能夠堅持，又不希望被自己綑綁。

相信人生有某件事等著自己去實現。

懂得照顧自己、愛惜自己，希望自己是高貴優雅的。

心中有些美麗的幻想或秘密，有守著這些幻想祕密的快樂。

喜歡美麗的事物。

喜歡跟很多朋友一起，或是有機會跟很多人一起，但熱鬧中，還是很有自我，有時還會覺得自己孤獨。

健康

知道要注意健康，但有時會受工作或環境影響，無法完全做到。

知道也重視身心平衡。

應避免偏重勞動四肢的特定部分。

適合練習瑜珈或各種伸展運動。

工作

對工作有熱忱，在工作中也有不斷學習的機會。喜歡工作、喜歡生活，有時可將二者結合為一體。

認為有專門技術是重要的，所以通常會訓練自己具備某種專門技術，好讓工作上能夠左右逢源，既可獨立作業，也可為人工作。

錢財

會花錢，也懂得賺錢；不是小氣的人，但也並不真的很大方；錢往往是花在自己身上。

希望自己有偏財運，或是很會運用機會，使小錢變大錢。

愛情

心中嚮往優美、優雅的完美愛情，又怕遇不到，對愛情就抱持著小心翼翼捧著、期待著的心情。

一方面肯定愛情，一方面有時也害怕被掌空，或也不想掌控別人，會產生不安全感，因此不一定會把愛情跟婚姻連在一起。

New Message

滑蓋式手機

特別挑選這種機型的人，個性保守、沉穩，不希望僭著別人也不希望被僭著，懂得忍耐，不排斥孤單，可以自我調適，在工作與情緒、生活之間，要花些心力去維持平衡。好的工作地點、環境，對工作的推動執行有幫助。

一個能夠欣賞自己、和自己私語分享，安於兩人小世界的對象，很適合特別偏愛這種機型的人。小心家裡環境或身體的藏污納垢，把冰箱、廚房櫃子整理乾淨，對身體健康有幫助。

按鍵的風水-3

從這款按鍵的風水看起來，有一個向內集中的中心點，才向外擴散，彷彿花開的形狀，帶來開展的效果，開展自己的理想、工作、錢財，又因為這款按鍵的功能鍵中心點設計得很有力，集中感很強，可以把人累積好經驗、好計畫、儲存能量去迎接新挑戰，而且不論輸贏，都不會影響自己本有的資源，如果按鍵與螢幕燈光都是寶藍色的，可以增加機智。

個性

會強調我有我的天空，你有你的地盤，在互不干涉的狀況下，我們彼此尊重。想要有一番天下，然後看著成果，好好休息玩樂。但要記得是先有努力才有玩樂的喔。小心不要因為先玩樂，就忘記努力了。

其實很喜歡跟人互動，又怕控制不好互動太多，會讓自己失去隱私、自我。

健康

喜歡日夜顛倒的生活（或是正好必須過日夜顛倒的生活），所以宜把健康重點放在預防內分泌失調、消化不良、肥胖或失眠。若使用這款手機，放在腰際較好，採用恰當的鈴聲也有幫助。

身高與體重適中者較適合使用。

工作

不是很認同朝九晚五的工作，如果安排得當，運氣也夠好，可以有自己調配的工作模式，像是當SOHO族。

具有設計、藝術天份，但可能不會表達、或不知道這方面的才華可以發揮；因此往往沒有機會真正地表現出來。

錢財

不一定會理財，但是「有一筆讓自己安心的存款或不動產」可能是最適合你的安心理財法。

無論日常生活如何，都宜保有積蓄，以防止「沒有錢怎麼辦」的恐懼。

不希望讓任何人知道自己究竟有多少錢。

希望自己節省，但常忍不住花錢買些東西來屯放。

愛情

喜歡或習慣用「回憶」來體會被愛，被照顧的感覺。必須要追求的時後，可能傾向較保守安全的方法，例如：交網友，但不見面，或是很慎重的觀察考慮後才見面。

重感情到有點陷入痛苦時，會用「無情」來平衡，但結果可能更痛苦。

New
Message

雙螢幕手機

這款手機風水透露的是：希望凡事有準備，有順序、層次，可以一樣一樣來，那怕是麻煩、複雜一點也沒關係。

特別選擇雙螢幕手機的人，喜歡，希望能預知事情，所以對占卜算命會有興趣，認為有心理準備，可以讓自己臨危不亂，不論精神上或物質上，可以營造出豐富的生活，對錢財也有一套個人獨見，雖然不一定會實現。

偏愛這種手機的人，生活規律沒問題，但可別變成了枯燥；如果他們對愛情嘔嘔少下點規則，會是很好的情人或配偶。

個性

有大志向，希望有大作為。

有很多自己的原則，例如：不偷不搶不騙，如果有人偷搶騙，會覺得這種人不值得原諒。

因此可能在善惡之間明顯的兩極化，覺得非善即惡。不過另一方面，又希望自己心胸度量都要寬大，其實只要知道了，就有加以調整的機會。

健康

平時不生大病，可以維持不錯的健康狀態，但小心菸酒過多，或作息不正常，身體受損速度比一般人快。

可能在不知不覺中累積出影響健康的壞因子，平時沒有察覺，一下子都現形了。

因此，健康上也是兩極化，不生病時沒病沒痛，一生起病來，就什麼毛病通通都來了。

工作

喜歡做大事、指揮掌控全局；稍有不慎有點小差錯，可能會頗為自責。

在大公司、硬體設備好的辦公室、或擁有大辦公桌的話，會覺得工作起來較有成就感與安定感。

多幾樣專長技巧備用，會較安心。

錢財

喜歡嘗試各種理財方法，如股票、期貨、基金……。雖然都喜歡嘗試，但這多種理財方式之中，至少要有一種熟悉拿手的，會較理想。

需提醒自己盡量減少不必要的投資。多開幾個戶頭，把錢分開來存，是不錯的理財方式，可以減少因投資造成的損失。

愛情

喜歡以特定的理想為目標來尋找對象，而且不願意輕易改變理想，所以要覓得良緣，可要多點愛神的運氣。

所謂的特定理想，比如女性要溫柔、男性要堅強；如果自己的對象不溫柔或不堅強，心裡就會打問號。其實需要提醒自己，愛情是相處而來的，他或她其實都願意努力成為你的好伴侶。

New Message

上螢幕可
左右扭轉的摺疊機

這款新潮有趣的設計，專為快要悶死的新人類設計的，嗅不到新鮮空氣，也得不到充足陽光，被一些沒意義的數據綑綁著，真想掙扎著透透氣。這款手機透露的心情是：我綑得好緊，我想要活動、舒展，我想大聲說：我的天空是180度的、我是幽默的。

如果你特別偏愛這款手機，可能就需要大聲的說出這種心聲，把手機秀給朋友看，在人多的地方使用。運動、寫日記、唱歌、旅行，也都可以幫助你表達，安撫你覺得被扭曲的心情。

超薄型

個性

對某些事情，會明顯的看不順眼，因此也會不接受、不去做這些事，所以可能擁有某些強烈的「自我主張」。

稍有喜歡掌控事情的傾向，但常常又有掌控不了的時候，請記得要用諒解、包容的態度看待事情，才不易流於苛刻。

健康

仔細關心注意自己的健康，尤其宜控制體重，以免關節不適。

即使是小病也要記得去看醫生，最好有固定的診所，了解自己的各科醫生，也可以讓親朋好友知道自己的健康狀況，說不定可以找到一起運動健身的朋友。

工作

在累積努力之後，就可以進入狀況，也可以獲得成就感與實際的成功。

盡量要對工作有所選擇，但是不改目標，不管環境是否配合，記得要在「做自己真好」的感覺中完成。

不耐重複不變的工作，適合創意工作。要不可在工作之餘，選擇激盪創意的嗜好。

錢財

在某一方面節省，某一方面又肯花大錢：例如可以忍著只吃一餐，把錢存下來先買數位相機再說。

為了某種目的願意儲蓄，但又很可能一次把錢花出去，不小心又變成負債。要記得給自己留一筆長久不動的基金。

愛情

喜歡上某個人就十分喜歡，完全地「情人眼裡出西施」，如果有情人能終成眷屬，一生都會快樂。若是有緣沒份，就一下子都只看到對方的缺點了。

隨著時間累積，宜學習了解人生在每個階段，總會喜歡上不同的人，所以沒法當情人也可以當朋友，朋友跟情人都是既有缺點也有優點的。

New Message

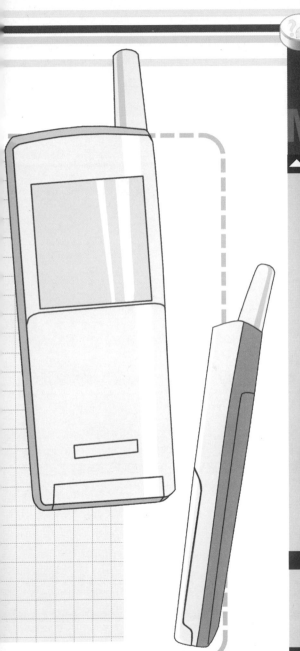

按鍵的風水-4

生活中想增添點樂趣，或平時就喜歡動動動手，尋找新鮮刺激的人，容易喜歡這種按鍵。如果你一直過著一成不變的生活，又沒時間常常逛街看電影，這款按鍵可以間接刺激創意，漸漸讓你在普通日常生活中就覺得很好玩。

按鍵的風水-5

會喜歡這款按鍵的人，往往是有孤注一擲去做而不顧結果的性格，渴望得到安定感的心情，就投射在這款按鍵的風水圖像上。

陷於愛河的人，尤其決定要跟某人永遠在一起的時候，這種按鍵，可以加強自己的堅定。所以，如果你的他或她偏愛這種按鍵，你可要懂得珍惜喔。

摺疊機

個性

傾向於希望被呵護照顧，其實自己漸漸也知道，需要別人照顧，可能是自己對自己的情緒關心得少了點，才會希望有人來幫忙照顧自己。
因為得到別人的關心，自己也能給別人更多。

健康

如果是從小就被照顧得好好的，不常生病的健康寶寶，宜留意「過敏」之類的毛病。
多喝水養生又健康，特別可以平衡這款折疊機的手機風水。
因為自己不太會打理自己的起居，要注意留意一些健康資訊和常識喔。

工作

會期待有個人工作室，或開個性店。
能把工作中份內的事完成，有行動力，但時時需要他人的鼓勵與支持，好讓自己的行動力更能發揮。

錢財

知道要保存實力，會積蓄一些只有自己才知道存在哪兒的錢。
不太亂花錢，或刷卡刷到爆。但願意花自己覺得「有意義」、「重要」的錢。
有工作能賺錢，就有安全感。

愛情

希望得到能呵護照顧自己的理想情人。
如果自己的情人或伴侶做不到或做得不夠多，會很失望，或表現出壓抑之後的憤怒。
不論對方如何，自己都想當個好情人，喜歡時時盯著對方，了解對方的一舉一動、對方的行蹤，女性更易如此。

New Message

按鍵的風水-6

這樣的按鍵，是在自認為過了一段「非人生活」之後，想要做自己的人，會喜歡的。

所謂的「非人生活」，是指發生很多不順心和繁瑣的事，加上別人的要求，自己變得東拼西湊，一段長期不知道每天在做什麼的日子之後，想做自己不管後果會如何的人，會喜歡這種按鍵。

按鍵的風水-7

這款按鍵看起來像波浪，也容易讓人聯想起波浪的流動、波動起伏。偏愛這種按鍵的人，不需要大變動，但喜歡一些小小的回歸、變化，讓生活清爽些，過得更有活力。

這款按鍵如果再配上流水般的手機鈴聲，更可以增加整體的流暢性。

手機算命小叮嚀

1、**手機風水是階段性的，主要呈現「使用前、後三個月」的個人狀況**；某支手機、某個號碼使用得越久，越能貼近自己。而擁有多個號碼、多支手機的人，也可以一一分別研判，再綜合來看。

2、號碼與機型，或多或少受到價位、購買時機……等等的限制，往往並非自己的第一理想。但不管是自選或他人送的、完全符合理想或略有折衷，**只要使用超過三個月以上，都有或多或少的研判意義，當然使用越久越能貼合自己的狀況。**

3、一支手機，除了號碼與機型，其餘的鈴聲、顏色、配件，變動都很大，所以放在下個單元「手機風水來改運」來談。下個單元裡，在說明其輔助效果時，也就一併說出其風水意義了。

4
手機風水來改運
鈴聲

🔔)) 🕐 13:24 ✉

鈴聲

鈴聲其實是另一個代表我們的名字。

當別人呼喚我們的名字，我們會有反應，知道人家在叫我們，是來自於對那個「發聲」的感應。名字的根源是聲音。

當手機鈴聲響起，我們知道有人要找我、有人在呼喚我，這時傳出的聲音，就像叫喚我們的名字一樣，讓我們有所感應。

因此我們選擇了什麼鈴聲，是選擇了什麼樣的自我命名；選一個適當鈴聲，可以幫助你去傳達出你所想要的形象，讓別人以你想要的方式命名你。

1.輕快的鈴聲

在說什麼：

希望生活快樂，而且也願意以樂觀正面的方法面對、提昇自己。希望結交較幽默、健康、活動力強，或喜歡運動的朋友，也期待自己所做的事情都能夠快樂完成。

適合時機：

心情不夠好，但非最不好的時候。

想要短暫輕鬆幾小時、幾天。

需要動力，讓自己從一成不變的生活中有所改變時。

2.圓舞曲般、圓滑流暢的鈴聲

在說什麼：

喜歡流暢的、寬廣的世界，也能同時容納單純與複雜，豪華與優雅。

適合時機：

心情不錯時，這類音樂可以讓自己的心情表達出來，有時可以代替身邊的知心好來聽自己訴說。

想創作，但覺得有點小堵塞時，這類鈴聲，可以幫助提起創意，說不定撥打手機過來的朋友，會在你主動要求下，或自然的閒聊中產生好意見喔。

希望事情能夠在短期內順利推展開來的話，可以採用這款鈴聲。而推展以後，還需靠自己的行動力維持，就可以接著搭配第一種鈴聲。

3.豐富多重的和絃鈴聲

不是單一的發聲，是有主音，又有伴奏的，在聽覺上予人豐富的感覺。

各種狀況的鈴聲好選擇

帶來心中的希望與溫馨
國語男女對唱情歌「屋頂」
鄧麗君「月亮代表我的心」

提起勁做事
電影「龍貓」主題曲
張惠妹「三天三夜」

紓解思念之情
台語歌「望春風」
韓劇《情定大飯店》主題曲

心情不錯想找人分享
宇多田光「Colors」
韓劇《藍色生死戀》主題曲

想讓自己開開心
西洋「快樂頌」
電影《萬花嬉春》主題曲
「Singing in the Rain」

在說什麼：

多樣化，複雜但豐富，可以平衡與他人的互動。

適合時機：

覺得生活單調，想改換模式時。

覺得孤單寂寞，想找些可以聊天，也可以一道出門玩的朋友時。

剛開始過比較豐富的生活，想要表達自己的開心時。

認為人生本當把生活安排得很豐富的人。

4.低沉、平緩、規律的鈴聲

在說什麼：

靜靜的、安定的、可以信賴的。

適當時機：

因工作或某些事情而焦慮一星期以上時。

希望靜下來思考時。

心情需要休息時。

因疲倦、勞累，身體需要休息時。有小感冒、其他小病，醫師給予幫助

睡眠的藥物時。高血壓患者、可長期使用。

5.由低走高，終於高音的鈴聲

（如：我的家庭真可愛的前四小段）

在說什麼：

漸漸上昇，達到某一個高度了，就剛剛好。

適當時機：

安排新計畫之後，正要開始行動時。

手術復原後，想要恢復平常生活、工作時。

心中有些不平，需要構想如何向上司、長輩表達時，但這是「構思」時，當你實際要行動時，請改用第四種音樂。

自己跟自己生悶氣，不想、也一時找不到對象傾吐時，不妨把手機鈴聲暫時當作音樂播放，但不宜超過三天。

6.由低走高，終於低音的鈴聲

（如：一閃一閃亮晶晶前兩小段）

在說什麼：

情緒漸漸提升，接著漸漸回復。

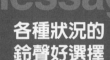

各種狀況的鈴聲好選擇

想消氣的時候
比才「卡門」
古典樂，德弗乍克「詼諧曲」

放鬆休息一下
「搖籃曲」
電影《我的野蠻女友》配樂「卡農」

讓心情平靜下來
「平安夜」
西洋名謠「古老的大鐘」

紓解鬱悶的心情
古典樂「藍色多瑙河」
濱崎步「Seasons天氣預報的戀人」

期待愛情來補充能量
電影《我的野蠻女友》主題曲「I Believe」
韓劇《冬季戀歌》主題曲

輕鬆放假去
日劇《長假》主題曲「La La La Love Song」
台語歌「快樂的出航」

適當時機：

心情不怎麼好，需要high一下的時候。

7.由高走低，終於高音的鈴聲

（如：我家門前有小河）

在說什麼：

有點生氣、洩氣，不過是一時的，還是會恢復原來的狀態。

適當時機：

不開心，想抒發一下時。

8.由高走低，終於低音的鈴聲

（如：生日快樂歌）

在說什麼：

放鬆、別緊張、放下身段。

適當時機：

想要安靜一、兩天，在家或出外自己度個假之前。

不希望接到太多電話，又不想錯過重要電話時。

希望善意的引起他人注意時。

特別寂寞時。但有了朋友或新的生活模式，就可以換一個囉。

9.高低循環，最後止於高音的鈴聲

（如：哥哥爸爸真偉大）

在說什麼：

心情有起伏，人生也有起伏，但是，最後還是有好的結局。

適當時機：

心情低落，幾乎不抱希望的時候。

想要鼓勵自己的時候。

想要戒酒的時候。

想突破感情困擾時，這種鈴聲可以輔助釋放困擾中的負面情緒，讓自己更開懷。

10.高低循環，最後止於低音的鈴聲

（如：妹妹揹著洋娃娃）

在說什麼：

有些變化，最後沉穩下來。

適當時機：

希望生活不枯燥，有些新意和改變，但改變得是自己可以掌握、接受的。

11.嗶嗶聲，或電話般的鈴鈴聲

在說什麼：

遵循傳統，不想太麻煩，至少在選擇這種鈴聲三個月之內，不想有太多
太大的變化。

適當時機：

安於眼前生活時。

想要安定一段日子，又有規律作息時。

希望在不變中求些新的改變，但仍不會有什麼大變動。

12.時間持續較長，不循環的鈴聲

在說什麼：

好好的過生活，好好的表達自己，沒有缺憾。

適當時機：

從繁華熱鬧時，歸於平淡時。

想在複雜的環境中，保有自我時。

心中有喜歡的對象，想要跟他更接近時。

有許多心事，想找人分擔時。

5
手機風水來改運
顏色

顏色

13:24

　　顏色反映了人的內在能量與情緒。當你認為某種顏色好看，其實反應出兩種可能，一是內在能量與情緒正與這種顏色吻合；另外是內在能量和心情欠缺，所以需要這種顏色。

　　同樣的，當你討厭某些顏色，也有兩種可能：你的內在能量與心情不需要它、它的能量對你沒有幫助；另外是，你的情緒與能量中正好有與該顏色相類似的感覺，而那正是你所排斥、想要擺脫的。

　　每個人對顏色的看法與感覺，因著自己的情緒、能量變化而來，顏色本身並沒有好壞之分。不管是喜歡或討厭，其實都來自自己。比如：在心情不好時逛街買衣服，我們容易選擇那些平時看了討厭的顏色；明明不喜歡，偏偏還買那種顏色的衣服，正好出氣。或在格外開心時，買了一堆衣服，從此很少穿、甚至沒穿過，因為那些顏色脫離自己命運模式的一般常軌。

　　如果懂得運用顏色，顏色也會有正面的幫助效果。在心情不好、精疲力盡時，選擇可以與當時狀況「互補」，或是「可以增長」的顏色，會帶來溫暖與元氣。

　　以下是一些顏色風水的說明與搭配，你可以運用在機殼的顏色混搭，貼紙、機套與機殼的顏色混搭……等方面上；甚至日常生活中穿衣居家的任何顏色搭配，都可以試試看喔。

銀色

銀色幾乎是手機的標準色，因為正好投射了手機的主要特性。

手機是現代科技產品，具有未來感；手機在半夜也可以躲在棉被裡撥打，不用開燈也可以使用，具有潛在的光明意義；手機投射我們內心的感覺——這幾項，都符合光亮、清醒、具有未來感、會反光……等銀色給人的聯想。

所以喜歡銀色的人，可能會反映出幾種心態：對未來充滿期待幻想的人、認為什麼事都可能發生的人、或者是對顏色沒有太大偏好、太多要求的人，因為銀色是最普遍的顏色。

銀色和其他顏色的搭配

銀色與黃色

優雅、有貴族味。這種顏色具個人色彩，並非大家都喜歡。

覺得自己有點成就的人，銀色手機貼上黃色貼紙，更加帶來開心快樂的感覺。

若心中覺得哪些人很粗俗配不上自己，銀色手機加上黃色飾品貼紙，可以平衡這種不開心的感覺。

銀色與藍色

需要刺激靈感創意、熬幾個晚上時，想要保持腦袋清醒，銀色手機可以搭配藍色貼紙或飾品。

銀色與銀綠色

找一張小小的銀綠色貼紙，貼在正面右下角，開心的時候就有人陪著開心了。覺得生活無趣，也不妨試試，花朵圖案的更好，可以調整心情，增加學習新東西的動力與機會。

🔔))) 🕐 13:24

白色

崇高、純潔、乾淨到不能弄髒。有些人因為喜歡而選擇白色，卻難以保持那樣的清潔反而最終放棄使用。這正是白色反映的印象。因為怕弄髒，所以與人必須保持距離；因為純潔，某些人反倒敬而遠之。白色手機正是曲高和寡，出現機率不高，但會有某些人愛不釋手；要不就是讓擁有的人，總是小心翼翼的捧著。

白色與其他顏色的搭配

白色與藍色

白色在春夏季帶來清新、清涼的感覺，配上藍色更是優雅智慧活潑快樂都有了。水手服就是藍白的搭配。不過比例很重要，以白多藍少較佳，清涼有活力，搭上跳躍的鈴聲，可以帶來快樂的日子喔。

白色與綠色

綠色是新鮮的生命力，綠多白少，則有如白雲綠野，個性像自然的人會喜歡。這種配色會有隨緣努力、時時學習的效果。

多白少綠，尤其搭配的是螢光綠，可中和純白具有的距離感，帶來隨時接受新觀念新學習的樂趣。不過仍不免有強烈的自我主張。

如果酷愛白色，不妨靠綠色貼紙飾品搭配，依實際狀況與心情不同，從淺綠到墨綠一一搭配，表示讓自己循序漸進地進步。

白色與黑色

冷靜、高雅、條理分明。雖處於社會大眾之中，可以周旋、可以堅持理念，給自己柔和進退的依據與保持分寸的要求。

粉紅色

粉紅色的使用狀況可能大都與愛情有關。因為在心中有了羅曼蒂克以及愛的感覺時,自然會喜歡這個顏色。因此使用粉紅色,除了將自己的心情表達出來,自己會感到愉快,也可以物以類聚,讓有相同感覺需求的對象出現。
但是身體極虛弱時,不適合使用。

粉紅色與其他顏色的搭配

粉紅色與白色

大量粉紅色加上些許白色,在表達我希望交朋友,我在準備中;但是我有所選擇,符合條件的人不出現,我寧可孤芳自賞。

粉紅色與銀色

大量粉紅搭配一點銀色,可能就是那個心儀的對象出現了,表達出感情即將開展的開心。因此粉紅色機殼貼上銀色貼紙,可能讓妳的白馬王子出現喔。

粉紅色與粉黃色

看來感覺溫馨,其實是矛盾的組合。反而可能在說:我已經有男、女朋友了,可是我覺得有點膩;心裡雖然覺得就是他／她了,但又不是那麼滿意。如果你的手機正好是這種組合,除了調整心情知道自己到底是什麼膩了,可以加上淺藍色貼紙或紫色透明吊飾,幫助你走出矛盾。

粉紅色與黑色

這是明快活潑又有決斷力的搭配。你與另一半的感情不再只是羅曼蒂克、濃情蜜意,而是能夠欣賞對方的特質、優點。不過黑色比例不宜過多,只宜佔手機的十分之一。

黑色

優雅、尊貴、穩重兼而有之。最大的特色是，黑色無所謂深淺，黑色只有一種；
黑色又是所有顏色的混合體，所以是獨一無二的豐富。也因為黑色是所有顏色的
集中，所以黑色具有內斂與包容。

喜歡黑色的人，有很多事想嘗試、有很多構想；可以多方接受，不會輕言放棄。
不過最好選擇一般無蓋的機型。有自信的人、需要學習內斂的人、喜歡豐富人生
的人，都適合黑色。

黑色與任何色都可以搭配，因為黑色是所有顏色的綜合體。

黑色與其他顏色的搭配

黑色與紅色

表示歡喜、成功、華麗、圓滿。需要給自己添點喜氣、或者正在進行某
個專案希望帶來好運，可以這樣搭配。如果用手機吊飾來互相搭配，只
要是果實、或果實形狀都不錯。

黑色與白色

這是很明快、清楚、果斷的對比色。表現出分明及安全的意義。分明是
因為黑白兩色放在一起，沒別的顏色夾雜進來，的確是清楚分明。安
全，則是因為對於沒時間選擇顏色、對顏色沒興趣的人來說，黑白搭配
是安全色，最方便。想在某個階段、或讓某件事情出現分界點時，可以
將白色貼紙貼在手機側面的邊線上。希望自己輕鬆快樂些，可以使用白
色的手機套，配上白黑雙色搭配的吊飾。

黑色與黃色

表示調皮、快樂、有律動感。因此，覺得生活無趣、或想不顧後果大聲
說自己的委屈、或是想學習與表演有關的事務時，可以考慮使用黑黃搭
配的線勾手機套。

黃色

黃色積極、敏銳、銳利、活躍，目前實際出現於手機的比例不高，但不表示我們不需要或不喜歡。

黃色銳利與敏銳的特質，讓人不易選擇它。但在需要度假去遊玩、並非真正離開工作時，卻蠻適合以黃色的手機殼來替換使用。

有時候覺得自己被人忽視、被錯認為傻瓜，將黃色貼紙貼在手機螢幕正下方（大小為手機螢幕的六分之一），或是採用黃色來電顯示，一兩星期下來，可以使自己不失信心，也讓別人察覺你的心情。

黃色與其他顏色的搭配

黃色與白色

夏天不需要厚重的外套、容易早起，行動力較強。這種搭配適合夏天，也有著「我有活力、不要羈絆，我要過自己的生活」的訴求，但也因此帶來不長久與薄情的誤解。在工作上需要勇敢表現時，可將白色貼紙貼於手機背面，或使用白色圓形吊飾，等需求結束再取下來。

黃色與淺綠色

黃色獨特的擴張感與綠色的生命力、冷靜、自然有相輔相成的效果。當你希望有好夥伴好機會可以相輔相成，可以在黃色手機正面右下角貼樹或花草、山型的綠色系貼紙，大小不超過手機面積的六分之一。不過長久使用，容易使神經系統彈性疲乏，所以不宜超過三個月。

黃色與紫色

如果手機大部分以紫色為主，黃色作點綴，則是表達出不食人間煙火的組合；既有迷人、自信自我、敏感聰慧，但也隱隱傳達著少來惹我的訊息。在黃色手機正面與背面下方同一位置，貼上直著貼的橢圓形紫色貼紙（比如紫色鬱金香），可以帶來穩定與活躍、柔軟與直接的平衡，創意工作者、藝文工作者尤其適用，時間以不超過一個月為宜。

綠色

綠色代表自然充滿生命力、學習性。是好人緣好財力的顏色。尤其是淺綠，草木剛萌芽的顏色，也帶來同樣的感覺。有透明感的綠色或螢光綠，都不錯。綠色手機不是主流，但可以是換殼的選擇。綠色常指新鮮成長，作為換色之用，有提醒之意，喚起我們的成長意識。

綠色象徵自然，綠色也聰明得很自然，不掩飾、不造做，綠色再與自然中常出現的顏色搭配，更是營造出自然的感覺。

綠色與其他顏色的搭配

綠色與棕色

象徵扎根落實。因此貼上棕色為主的貼紙，即使是卡通圖案，或夾雜著紅或黃，都可以協助你的生活落實而豐富。

綠色與紅色

象徵開花結果，有伴、互相襯托。在綠色手機右下角貼上紅色果實貼紙，會帶來豐富與收成的感覺，希望有好收穫的話，不妨試試。

綠色與白色、藍天色

美麗的天空加上大地，使人心胸擴大、得以抒懷。

在綠色手機的背面下方，貼上你喜歡的風景圖案，可以協助放鬆心情，也可以間接提醒你，多運動、多接觸大自然。

棕色

棕色有蘊藏、供給、吸收、基礎、支持、力量、自然、堅實等意義。在大自然裡，棕色常見於樹幹與樹枝。棕色系的手機，投射出堅實、自然、有內涵、有條理等意義，但也可能有點僵化或枯燥。所以適合搭配其他適當的色彩與柔化的線條，帶來活潑與生命力。

棕色的手機目前不多見，但是卻是有底子、有支持、有力量，可以帶動生長向上的顏色，具有大樹一般的好涵義。

棕色與其他顏色的搭配

棕色與黃色

自然優雅，兼而有之。有生命力、也有動力，還有基礎底子以及能量來源。如果希望自己的生活有規律也有活力，能力不被埋沒，請考慮以棕色手機搭配黃色三角形圖案貼紙。如果不小心招來忌妒，請加貼綠色貼紙。

棕色與綠色

大自然的樹，化為手機每天用手握著的滋味真是不錯。不過顏色之間的運用需巧妙，否則可能會略有俗氣之感。專心準備考試時、或想在工作之餘有機會度假，不妨在手機上下各貼上綠色貼紙。

棕色與淺藍色

樹的感覺、天的感覺、水的感覺，結合在一起，世界變大了，心也寬了。

情緒不好時，考慮加上淺藍與亮亮的蔚藍相搭配的吊飾，同時棕色的手機螢幕旁也可以加貼貼紙。

紅色

紅色代表從開始到完成的整體，紅色包含過程以及圓滿的結果。

紅色幾乎是無可添加的剛好，因此中國人情有獨鍾的把紅色拿來象徵喜事。因為無可添加，所以圓滿。沒有喜事時，紅色也被用來期待、製造喜事。

所以紅色的手機，是在跟自己、別人說：我有我想要的、我將有我所要的。一不小心紅色可能讓人誤以為有炫耀意味，其實不然，它只是在表達自己而已。

紅色與其他顏色的搭配

紅色與白色

白色崇高純潔、纖塵不得染，與紅色搭配時，投射出自信、「我就是我，別把我染成你的顏色」的意味。紅白搭配的機殼，白色部分若超出紅色很多，一般人很難用久，用一陣子之後，要不加個機套或吊飾，要不就會再有另一隻手機。因為這樣的搭配，會有點不近人情、拒人千里之外的感覺。若是紅色超出白色許多，稍好，但若邊線或按鍵是白色，可能會使自己目前的完整性遭到破壞。

銀紅色與金色

這是很完美的搭配，尤其金色若以畫龍點睛的方式出現，則表達高貴、珍貴、珍愛於一體。如果你對這種搭配一見鍾情，這正是你內在本有的情懷，或正是你希望擁有的感覺。

銀紅色與銀色

這是頗有個性的搭配。如果銀色的部分是手機側面的邊緣線條，會突顯紅色的特質——增加自信、增加引人注目的機會，想發光、出人頭地、讓人肯定。

藍色

飽滿的藍色獨立自主,單獨表現已經十分美麗,任何顏色來搭配都有點多餘。畢竟穩重的個性情緒起伏不大,所以,只須借用一些顏色來調整運氣。

藍色與其他顏色的搭配

藍色和少量的銀色

可以提神、幫助熬夜、增加新點子或機會。這種搭配具有神秘感,有些人會因此愛上這種搭配,或對持有這款手機的人產生莫名的好感,因為想了解其中的神秘,而去接進手機持有者。如果藍色鮮亮些,搭以銀色線條可以加強直覺或第六感。

藍色和白色

造成簡單、俐落,也行事分明的效果,可以提醒自己找個海邊或鄉間度假,或在心情上暫時放下某些事,休息幾天。也可以提起工作情緒,讓自己用簡單俐落的方式處理生活中的問題。如果放在感情上看,則顯然不會以糾纏的方式與戀人互動。

藍色與黃色

藍色內斂,黃色有張力,兩個顏色成對比,稍有矛盾;不過如果平衡得好,能夠掌握何時內斂何時表達擴張,倒是能讓自己既驕傲又覺得有成就感。只是對一般人來說,可能不太容易使用得當,會一面怕自己太搶眼,一面又怕自己太內斂,反而不知如何擺平自己。

))) 🕐 13:24

香檳金

金色是獨立色，自信地展現獨一無二的光彩。帶著幾分神聖與高尚，因此不太會遭到忌妒，反而帶來朝聖般的情感。所以一般會被認為只適合宮殿和貴族這樣的地點與人物。而香檳金正好淡化了金色的不夠大眾化。香檳金的手機，更讓使用它的人展現出心裡的高雅貴氣、古典與現代並具，和難以言喻的滿足幸福。

香檳金讓配飾顯得多餘。因此貼紙幾乎沒有用武之地，吊飾也是用來相輔相成香檳金的神秘、明艷、自信。

香檳金與其他顏色的搭配

香檳金與天藍色

在一片金光之中，可以與之相抗衡的顏色是純淨的天藍色。使用香檳金手機的你，如果心情不好，想換個感覺，可以考慮換個天藍色的機殼，可以幫助你放棄或轉換那些讓你痛苦的固執想法。

))) 🕐 13:24

珍珠白

珍珠白跟銀色黑色藍色一樣的受歡迎。這種暖色系，一般讓人以為只有女生會喜歡，不過事實上也有不少男生青睞喔。因為珍珠白不像純白那樣純粹與極端，多了淺淺的粉嫩的珍珠色──珍珠可是長在貝殼裡的珍寶呢。同樣是白，純白色可能或多或少反映了現代人的自我主張與疏離；但是珍珠白卻可以傳達出人人都需要的呵護與愛。這也是為何男生也願意選用的理由。

珍珠白與其他顏色的搭配

可以與珍珠白搭配的單色不多，因此市面上出現一些圖案式的多色搭配，都很不錯，可以讓生活更有趣、有更多想像空間、更溫馨。

需要做調整時，不妨採用貼紙或吊飾。尤其是吊飾，凡溫馨可愛、玲瓏剔透的，都可以考慮。

6
手機風水來改運
組件搭配

🔔))) 🕐 13:24

健康組件搭配

手機從上到下既然象徵一個人從頭到腳，健康對應在手機風水上，最相關的當然就是機殼了。因此先列舉機殼方面的提議。當然機殼發揮的影響並不是絕對的，鈴聲、手機套……等等對應在我們的健康狀況上，都有各種不同層次的影響。

沒病沒痛好過日

原本就身體健康的人，想要保持健康，可以採取以下的建議。

機型：

摺疊式手機，對保養健康會較有效；機蓋上不宜有太多變化，最基本的窗形、單螢幕即可。機蓋上會閃亮發光的可以考慮，有天線的也很不錯。

手機套：

適合黃色、綠色等，以在大自然原有的顏色來搭配為宜，但不宜太鮮豔。

身體很健康的，有無手機套皆可，但若特別希望保持身體健康的人，就必須要有手機套備用在身邊。

貼紙或螢幕圖形：

可以不貼貼紙。螢幕內也保持沒有圖案為宜，擺些樂觀肯定、鼓勵的句子也不錯。

吊飾：

吊飾不一定需要。如果喜歡，可以考慮會發亮的天線閃亮器，尤以機身顏色暗沉者更可以考慮。

鈴聲：

簡單、基本的電話響聲即可。大自然音樂也不錯。如果身體健康而想保持下去，就挑自己最喜歡的音樂吧，通常這時所喜歡的音樂，也是對自己有提振效果的。

小心憂鬱症

現代人壓力繁重，常常讓憂鬱症不知不覺趁隙而入，如果抑鬱煩悶，不妨試試下面的建議，也許有些預防效果。

機型：

有沒有機蓋都無妨，但螢幕盡量要大；折疊機又是雙螢幕的話，有正面效果。顏色方面，暖色系、粉色系，只要讓你有春天的感覺都很適合；色彩鮮亮的手機機殼，絕對有幫助。

手機套：

在這個狀況下，手機套可以聯想作保護自己的外套，可穿可脫；當你覺得自己很脆弱、很無助的時候，就適合選個手

手機放在身上哪裡較好？

通常手機會擺在身上的幾個位置：胸前、包包裡外、腰際、衣服口袋。

放在胸前容易接聽，也有裝飾作用，但在風水來說，是「心上有塊石頭」，其實並不適當。另一方面，將手機掛在胸前的人，也投射出希望讓人多了解自己、具有自信或正在建立自信。

放在包包裡的風水是：可收可取，有自己可以掌控的人際關係。也傾向謹慎。在錢財上有保存的意味。

若把手機放在包包外的掛袋裡，表示想要隨時行動。有這種習慣的人，要避免行事慌慌張張。

至於腰際的風水是：事情放著、擱著，可做可不做，漏接某些電話也不在意；錢財上則有保持流通的意味。

置於口袋，容易得到他人照顧，也能照顧自己；但較易花錢，若能搭配使用耳機，會較具「守財」效果。

種種位置，以放在臀部兩側口袋最好，既不容易對腦部內臟造成傷害，適當的顏色與機型，則具有守財意味。

耳機的使用

如果你覺得週遭的人都不太聽你說話，幾乎要大聲咆哮、亂摔東西，才會有人注意你時，不妨開始使用耳機。連續使用至少一星期、甚至一兩個月，直到狀況改善為止。同時可以也送給那位最不聽你心聲的人一副耳機。

就手機風水來說，耳機的效用不大，但試一下無妨，這一招的真正原理是，我們先認真聽，才會有人聽我們的。

想過清靜日子，做點必須專心、一個人完成的事情時，也可以使用耳機，這讓你只要直接、重點的聯繫，不旁生枝節，也沒有其他干擾。

當一些人在搞小團體、小圈圈，製造一堆沒法證實的是非，你差點非得介入，但不想被牽累時，則不宜使用耳機。因為耳機只對你一個耳朵發音，象徵只聽一邊或一半；又因為耳機只有你一個人聽得到，好比「我只告訴你一人，別人不知道，千萬不要說出去」。若想少點麻煩，此時不宜使用耳機。

機套來用。

如果你覺得手腳冰冷無力，可以選擇棕色的手機套，當作保護。冬天的時候，可以選擇紅色或橙色的手機套。不過紅色或橙色，在三種狀況下不宜使用：希望與伴侶感情穩定、正要投資、及希望與上司同事人際關係穩定。遇到這三種狀況不適合使用橙、紅色手機套時，改採用大地顏色的手機套。憂鬱時可以選擇這些顏色，當你覺得雨過天晴，心情開朗的時候，就可以替換了。

貼紙或螢幕圖形：

在手機背面貼上淺粉紅色、淺綠色、米色的貼紙，會有些好效果。圖案則以圓形、心型、花朵形為佳。貼紙位置必須要貼在手機背面的中間。螢幕圖形可以在笑臉、太陽、風景圖案之間作選擇，搭配上鼓勵字句更適合。

吊飾：

選擇心形、閃亮的單一吊飾。避免太重、太長；有來電顯示的也很不錯。

鈴聲：

輕快的音樂或者治療音樂。如西洋的快樂頌。

洗個手機SPA

SPA是現在很流行的保健方法，配上精油、一杯好茶，嚐試過的人都想再試。與緊張相對，SPA是一種放鬆的調養。所以在手機的風水世界裡，要達到SPA效果，所做的也是以「放鬆」為主。

機型：

波浪型按鍵、圓弧型機身，都讓人會覺得輕鬆。若是方正形的手機，只要顏色溫和，也能夠讓人感到既酷又輕鬆。

手機套：

顏色以溫柔、溫暖的色系為主，深粉橘與淺粉橘搭配，或粉紅與水藍搭配，或螢光綠與淺螢光綠搭配都不錯。圖樣，則以直條紋、圓形、點狀的手機套為佳。

貼紙或螢幕圖形：

螢幕圖形可以選擇看起來賞心悅目的，以你喜歡的顏色為主，但要避免大紅大綠，淺色系尤其是淺藍淺綠為佳。使用內建式的螢幕燈光，也會使人覺得輕鬆。比起螢幕顏色，螢幕圖形則不太重要；貼紙也是可有可無，有特殊需要可以貼上，但是不宜太多。

吊飾：

流蘇式的，或你喜歡的卡通、小動物造型都不錯，不宜太大或太重。透明的吊飾也可以；但有時太透明的吊飾，可能會在財運與事業運上造成反效果。因此透明吊飾不宜長期佩掛，最好跟其他吊飾搭配著使用。

鈴聲：

選你在做SPA、洗澡的時候，喜歡放的音樂。讓人聽了會放鬆的自然音樂、抒情音樂都可以。當然如果以健康為主，為了讓經絡與氣血的循環良好，也可利用紫微斗數，照著命盤中的疾厄宮量身訂做。

感冒的時候

感冒是人人都有的經驗，感冒嚴重點的不免要休息幾天。這時候，手機最好跟著你在休息時一起關機。開機時，則需要它向外發出訊號，請朋友來看你、陪伴你，做向外溝通的工作，讓別人傳達關心。這時則需把手機套拿掉。

發高燒的時候，手機要保持關機狀態。有機蓋的要打開。鈴聲音量降至最低，保持在有螢幕的狀態。

這段時間，要讓手機和你保持適當距離，最忌掛在胸前。

手機套：

萬一發燒了，請把手機套套起來。沒有手機套者，則可以考慮放在吊掛著的衣服口袋裡。

貼紙或螢幕圖形：

選一些輕鬆幽默的圖案，讓那些圖案陪伴你度過不舒服的時刻。

吊飾：

配個蔬菜水果、罐裝飲料或有水感的吊飾，提醒自己多喝水、多吃蔬菜水果。

鈴聲：

輕柔如安眠曲之類，或是簡單、平靜，適合床邊的和絃音樂。

先生緣、主人福──有緣醫師在何方？

對於慢性病患，或臨時有急症、重大疾病者，最需要的是一個德術兼備，又與你有緣的醫生。通常於紫微斗數的命盤上，不難判斷出有緣的醫生會出現在何時，或是介紹你好醫生的貴人會不會出現。這部分的配件效果，也是要輔助這些人提早到來。

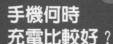

手機何時充電比較好？

以風水的角度來看，有兩種狀況不適合充電，一是正在大發脾氣時不適合，有火上加油的意味；二是特別虛弱的時候，例如正在發高燒，也不適合馬上充電，這好比虛不受補；身體稍好一點再充電較佳。

總是規律地在睡前充電，是最穩當的充電方法。讓手機在我們睡眠時跟著一起充電，象徵有好的睡眠，第二天可以充飽了能量出發；也象徵有儲蓄，不至於臨時缺金。

長期處於緊張焦慮、日夜顛倒的人，若想改變生活模式，可考慮準備多顆電池，定期在晚上充電，平時隨身攜帶一兩顆備用。

總是快沒電了才充電，偏偏每次都還有電可用的人，大多對生活有把握，也不在乎是否須安排計畫。快沒電時總有其他替代方式，如家裡、辦公室、朋友電話可用的人，不容易緊張，常有小小的好運，貴人也不少，但可別因此有僥倖的想法喔。

New Message

手機套的風水

藤或草編的手機套

需要暫時把自己放在一個崗位上好好工作一陣子時，可以考慮用這款手機套。

身邊的朋友如果個性十分固執，不妨送他一個輕巧、顏色素雅、有細小縫隙的機套，可以漸漸改變他固執的想法。

此外，覺得自己頗受壓抑的人，也可以考慮採用，因為這款手機套所具有的小空隙，可以提醒你，還有空間可以呼吸。

皮製的手機套

需要朋友、親人的意見與陪伴時，這款手機套會帶來他們的關心，或者自然有人出現來呵護你；當然，你也很可能自己轉變想法，開始懂得如何自己照顧自己。

但若是長期生病、身體虛弱，就不宜特別去買來換用。假使本來就用這種皮製手機套，不妨保養一番，使手機套看來像原來的一樣柔軟、透氣。

手機套：

有使用手機套的人，偶爾要把手機套拿開，讓手機出來露露臉。這個建議可以幫助我們拓展原有的範圍、得以接觸新機會，好遇得良醫。此時也適合換手機套，便宜的手機套甚多，百元以內就可以解決。不論男性女性，請考慮透明的、或透明的白色、綠色或藍色。

貼紙或螢幕圖形：

手機殼上如果有貼紙，請取下來；暫時也不宜放任何特別的螢幕圖案，保持原狀即可。

吊飾：

提籃式、或是聚寶盆式的吊飾。

鈴聲：

具靈性的世界音樂，或由低走高、停於高聲的鈴聲。

工作組件搭配

我想找工作

手機套：

正在找工作的人，需要常開手機，為了不漏接電話，可以不需要手機套。

貼紙或螢幕圖形：

如果手機殼是深色的，不妨加貼以綠色為主，有圖案的貼紙。

吊飾：

互相撞擊可以發出聲音的吊飾；或是如樂器，可以讓人可以聯想發出聲音的吊飾。

鈴聲：

高低起伏不宜過大，音階差異不超過五階。

應徵前的準備

手機套：

如果不滿意自己的手機，即使平常沒有使用手機套的習慣，也最好買一個（便宜的就可以了）。男性宜橫放式的手機套，女性適合條紋圖樣的手機套。

貼紙或螢幕圖形：

螢幕圖形可使用具肯定意味的字句或果實圖形。貼紙則以灰色為宜。

吊飾：

應徵時，暫時不宜有吊飾。應徵前7日內，可考慮用會發亮的手機天線。
如無法更換天線，可以綠色螢光貼紙替代，貼於機身。

鈴聲：

輕快而令人輕鬆的音樂，或是使人安靜、聚集能量的治療音樂。

辦公室裡的人際關係

手機套：

上班時習慣把手機放在辦公桌上的人，若希望減少是非及無謂的枝節，
可選擇一個上班專用的，方便打開的手機套。男性可選擇有圖案的、以
綠、藍、灰等色系為佳。女性除了上述顏色，也可選擇透明機套。
如果希望自己能在辦公室與大家和諧共處，也願意以學習的心態面對各
種人的個性，可選擇透明機套，並把手機置於固定位置，桌面上或抽屜
裡都可以。不過，可別被主管誤會你的私人電話太多喔。

貼紙或螢幕圖形：

有肯定自己的字句，或花朵開放的圖形。

吊飾：

挑一個一見鍾情之後，還會一直喜愛的吊飾，最忌沒有蓋子的瓶子，但
葫蘆造型的就無妨。

鈴聲：

上班時間可以採用震動式、或將音量降到最低。需要鈴聲可以考慮「當我們同在一起」，或兒歌、卡通主題曲。再則，好聽簡短的宗教音樂也可。

我需要成就感，也需要被肯定

手機套：

除非手機需要保護，否則不特別需要。男性可選擇深藍色、棕色，女性考慮與皮包同一色系，否則宜藍色，或偶爾採用橙色。

貼紙或螢幕圖形：

螢幕圖形適合肯定自己的字句，及圓形的圖案、山的圖案。

吊飾：

集圓形、多角形、方形各種垂飾於一體的吊飾。

鈴聲：

流行音樂中強烈表達自我的歌曲，或請專家依紫微斗數命盤設計。

New Message

手機放在身上哪裡較好？

通常手機會擺在身上的幾個位置：胸前、包包裡外、腰際、衣服口袋。

放在胸前容易接聽，也有裝飾作用，但在風水來說，是「心上有塊石頭」，其實並不適當。另一方面，將手機掛在胸前的人，也投射出希望讓人多了解自己、具有自信或正在建立自信。

放在包包裡的風水是：可收可取，有自己可以掌控的人際關係。也傾向謹慎。在錢財上有保存的意味。

若把手機放在包包外的掛袋裡，表示想要隨時行動。有這種習慣的人，要避免行事慌慌張張。

至於腰際的風水是：事情放著、擱著，可做可不做；漏接某些電話也不在意；錢財上則有保持流通的意味。

置於口袋，容易得到他人照顧，也能照顧自己；但較易花錢，若能搭配使用耳機，會較具「守財」效果。

種種位置，以放在臀部兩側口袋最好，既不容易對腦部內臟造成傷害，適當的顏色與機型，則具有守財意味。

換個職務會更好

手機套：

平常沒有使用手機套的習慣，可以買一個。已經有手機套者，不妨換個顏色式樣。選擇自己最喜歡的即可。

貼紙或螢幕圖形：

換掉原有的貼紙，以及螢幕內字句。若從來不使用貼紙等，也可在螢幕內設定自己覺得有趣的圖案，改變一下原有習慣。

吊飾：

沒有使用吊飾習慣的人，可以選用一個自己喜歡的吊飾；已經有吊飾的人，也可以再換一個自己喜歡的吊飾。

鈴聲：

大自然音樂的流水聲。

我想自己當老闆

手機套：

即使平常沒有使用手機套的習慣，也需要添購一個。男性宜選擇柔軟質料、橫放的款式；女性以綠色、有原野圖案、花朵搭配為佳，也可考慮自己編織，但編織時，毛線之間的洞不宜太大。

貼紙或螢幕圖形：

有鼓勵自己的字句、三角形的圖形、最新科技的圖示。

New Message

手機套的風水

毛線編的手機套
希望過自己的生活，獨立但不寂寞，還有親朋好
友相陪伴時，不妨採用。
宜保持手機套清潔乾燥。
身體長期虛弱，四肢受傷或無力時，暫時不宜使用。

珠串的手機套
想有些新創意，或是覺得生活無趣時可以採用這款手機套。但珠珠之
間的空隙不宜大於0.5公分，珠珠大小也不宜過大，以直徑不宜超過0.8
公分為宜。如果討厭不速之客、或希望家中少些閒雜人等出入，也可考
慮使用。

動物造型手機套
這款手機套的作用是使自己開心，並增加一點動力，如果是依自己的
生肖選擇動物造型，則有肯定自己的意義。
孕婦、或有婚喪之事、生病、出國時，暫不宜使用。

吊飾：

車子、山、竹子、梅花的吊飾。

鈴聲：

穩重的低音到悠揚的高音，再回到穩重的低音。

求財組件搭配

這裡所說的求財，是指一般小康的財富、階段性的。以下提供的方法，是幫忙促進財運，至少防止漏財，但真正發財的時間，還需從紫微斗數命盤上來看較為準確。

手機配件的調整功能，是讓我們以手機配合命運，既促成發財的時機；也在不發財的時候，預作準備，這功效以風水的角度來看，可以佔三分，也就是三成的意思。做了這些準備，通常也要三個月才會生效。

對於要求財的人，機型也重要，但並非絕對，一樣可以用配件、鈴聲來補足。

抓住發財的時機

機型：

想發財的人，主要是手機外型不能夠擋財。太冷太硬，或選擇手機時的心態是只跟幾個親密好友聯絡，不想接太多電話、不願跟大眾結緣的話，都不利發財。所以手機顏色要選擇一般人能夠接受的，不要太亮或太暗。太亮不好，但若是雙色搭配，稍可彌補。炫金色、特別閃亮的銀，或整支都是螢光色的手機，並不適於發財。

手機套：

手機套可用來與手機互相平衡，若你的手機太炫亮，請用較薄、花紋簡單、較素雅的手機套，如果是一般顏色的手機，則可不用手機套。

貼紙或螢幕圖形：

螢幕圖形若是祝你發財的肯定字樣，會有幫助。貼紙可採用一般會跟發財聯想的式樣（如元寶），不用貼太多，貼一枚在手機正面的左下角即可。

吊飾：

須掛吊飾。掛起來長約佔機身三分之二最佳，三分之二是從掛吊飾處算

New Message

手機貼紙貼哪裡？

正面

貼在手機上的貼紙有幾種效果：加強、減輕、補充、配合、平衡，當然啦，還有美觀。

加強：在原有手機風水正面的效果上加強。

減輕：在原有手機風水負面的效果上減輕。

補充：補充原有手機上不足的風水效果。

配合：配合階段需要產生好風水。

平衡：設計手機的廠商，可能會針對某一群消費者強調某些特殊設計，貼貼紙可有平衡效果。

以下是幾個貼紙位置與其風水效果。

❶ 有肯定自己的意義，也可以傳達自己的肯定給別人。

❷ 背後的支持、扶助力量，覺得不孤單。

❸ 有時太忙，來不及整埋心情，可以增加自己面對是非與誤解的信心。

❹ 補充體力、能源、精神上的不足。

❺ 配合效果。例如：自己已經安排要去做什麼，可以有提醒效果，或告誡自己不要放棄。不過貼紙顏色與大小很重要，宜量身定做。

❻ 缺乏支持、扶助力量，或頭暈眼花、睡眠不足時，可以貼在這個位置。

❼ 不通順的時候，比如氣血循環不良、頸肩酸痛、或是有事情想不通時，可以貼在這個位置。

❽ 希望增加記憶力、大量用腦、熬夜時，可以貼在這個位置。

❾ 覺得身邊沒什麼人可以說話、生活枯燥乏味，貼在這個位置可以改善此狀況。

❿ 想要改變現狀，在這個位置貼貼紙可以幫忙轉變舊想法。

背面

手機放桌上哪裡？

左上角	右上角
中心點	
左下角	右下角

餐桌、書桌、茶几、辦公桌都是桌子，不同的桌子的同一位置也有差異。不過這裡提出最一般性的擺法。

一張桌子的長與寬各取中間點，連起來，成為四等份，面對桌子可以分出左上角、左下角、右上角、右下角、以及中心點。

希望安全不被打擾，但並非被排斥、仍能被照顧，不妨放在中心。

左上角的現象是一體兩面：一種是專一行動，吸收知識、接受意見，好去貫徹意見或行動；同時若沒有行動意願、只想暫時停擺、等待時機，也可以放在這裡。

左下角代表停頓跟休息，是減少與人爭執的位置。

不想被人排擠、希望能在自己行動的時間上做主，可放右上角。

右下角是保持隨時變化的位置，不過也宜冷靜、仔細觀察；如果精神身體欠佳，不宜放右下角。

起。吊飾以多為好，但不能太重。可採用元寶、五福臨門等有財意的飾品，吊飾的線不能太細，以紅、黃、橙色為佳。

鈴聲：

輕快、由低而高、很悠揚的。臨時插入不搭調的聲音，或突然降低，則不適合。

如何防止損失

機型：

若是有蓋手機或摺疊機，就不需要太多貼紙；假使無蓋，又有天線，則適合貼貼紙，用以平衡色彩。閃亮的銀色系手機殼，適合貼灰色系或藍色系的貼紙。有天線、沒機蓋，若為金黃的炫亮手機，容易一下子來一筆錢，一開心就花出去，或有時莫名其妙的損失，此時宜貼上褐色貼紙輔助。

手機套：

在大量損失時，有保護錢財不外溢的輔助功能；不過，若是投資者則宜考慮手

機套的厚薄與透明度。完全封閉式看不到手機的機套，反而會使人失去投資的分析能力。手機殼顏色炫麗的，適合採用質料較軟、不透明的手機套。手機殼為單一色系，則適合採用透明手機套。

貼紙或螢幕圖形：

已經貼上貼紙的話，螢幕圖形就不宜太過複雜。最宜採用飽滿的圓形圖案，不宜有分裂、分叉的圖形。

吊飾：

可採用象徵錢財的任何吊飾，但不宜選太扁平的。

鈴聲：

節奏緩慢，聲音清脆。

天哪，我賺的錢怎麼都不夠用

一般人賺錢不夠用，有三種現象，第一是收入太少，第二個是自己容易亂花，看到什麼就想擁有什麼，沒有加以節制，第三個則是時時有意外支出。

若是收入少一點，請參考「抓住發財的時機」的建議；一直會有意外損失，則參考「如何防止損失」；這裡討論的，是如何防止自己衝動的購物習慣。

機型：

有蓋的手機或摺疊機會讓人在花錢之前，稍微想一下；但也有可能因為

從手機放車上
的位置來看人

一上車會把手機放在固定位置，讓自己在任何狀態下都可以接聽的人，表示會積極面對、有效率。

在車上仍把手機放在腰間或是口袋、皮包裡的人，往往會保持一定原則；希望生活跟著計畫，不出差錯的人，也往往這樣放置。

隨手把手機放在駕駛座旁，可能是暫時不想顧那麼多、或放棄了一些什麼的人。如果這樣擺放成為習慣，或許就有比較明顯的「不顧」性格。

手機套的
風水

布質的手機套

想隨性過日子或從事文藝相關工作者，蠻適合這款手機套；如果布料太軟，宜有收入多寡不固定的心理準備。

想要暫時過一點自我放逐的日子，懶懶散散的躺著、看著天空發呆，可以考慮麻布質料的。

潮濕或有破洞時，要時時換新。

花錢格外謹慎，讓別人誤會你小氣。所以摺疊機、有機蓋的，手機蓋上宜有閃亮裝飾。

手機套：

有無手機套都無妨，若使用手機套，不適合有漏洞的，如針織或珠編的。就算是皮製或一般手機套，開口與漏洞都不宜太大、太多。

貼紙或螢幕圖形：

若機蓋上沒有任何花樣，不妨貼一些簡單貼紙，或者在手機螢幕上放一些具守財意味的字句或圖案。

吊飾：

不要太多，用單一吊飾就很不錯了，下面可以用一個小小的鈴鐺，會發出聲音，這些是讓自己在花錢的時候稍微節制一些。

鈴聲：

穩重、緩慢的大自然音樂，但不適合有河流與大海聲的音樂。

愛情組件搭配

當妳希望找到他

機型：

若可以更換，經濟狀況也許可，粉紅色是最理想的，但不宜與純白互相搭配。銀色手機也可以覓得磁場相同的人來接近。最好機蓋上或天線上有閃亮的來電顯示。

手機套：

如果手機是深色的，可加上透明的手機套、再貼上花朵，這樣不但具有保護自己的效果，也可以增加吸引力。

貼紙或螢幕圖形：

花朵、或者有「心想事成」、「祝福妳」等字樣。

吊飾：

成對的吊飾，如一對鞋子，表示有人與妳同行。或是相連的兩顆心，表示愛神來了。最忌單一尖長形的吊飾，或是鞭炮、辣椒之類的飾品。

鈴聲：

「康定情歌」這首曲子不錯。或使用妳覺得最動人的情歌，會造成物以類聚。但如果妳是個過於浪漫的人，就避開過於浪漫的情歌，選擇大眾化的流行曲即可。娓娓細述心情的曲子，可以找來跟你一樣傾吐心事的對象。還有，要常在公共場所接手機喔。

快走吧！爛桃花

如果身邊一大堆追求者，說話很沒營養，只垂涎妳的美色，誠意根本不夠；或是對方腳踏好幾條船，而妳只想清靜一陣子，可以試試以卜的方法。

機型：

最好是摺疊機、無天線，機蓋上若有雙螢幕的，不要放任何螢幕圖形。

手機套：

黑色或深色的、小格子花紋，或純白。

貼紙或螢幕圖形：

不要貼紙，螢幕圖形為勵志性文字。

吊飾：

沒有也好，若需要，羽毛垂飾或單一垂飾，辣椒、鞭炮等會比較適合。

鈴聲：

進行曲、節奏明快的輕鬆音樂，或管絃樂。

請你也來喜歡我

單戀或暗戀，也許有孤單的美感，但如果自己所愛的人完全不能理解，也不願意付出感情，那可真是美麗又痛苦，叫人一時難以消受。

有一天時過境遷，也許會出現更適合的人選，這時不需轉運，單戀的心

痛也就可以化解了。不過，這裡我們仍為陷於感情中的人提供一些建議。

機型：

摺疊機、機蓋上有來電顯示，顯示燈以粉紅、蘋果綠、螢光綠為宜。如果沒有顯示燈，可貼上自己喜歡的貼紙，依心情變化貼一枚或數枚。當你喜歡上的人卻不喜歡你時，一則阻礙了暢通的管道，一則自己還會受愛情的內傷，用閃亮的機蓋來電顯示來抒發（粉紅色代表愛，綠色代表有希望），即使愛情不來，也能讓你的心情平和得多，把內傷丟了。

手機套：

如果手機為深色，可加透明手機套，女性則可加有蕾絲的手機套。如果手機是紅色、綠色、黃色，又有機蓋，則不需要。

貼紙或螢幕圖形：

貼上自己喜歡的貼紙，一枚或數枚；螢幕圖形可以選擇自己最心愛的圖案，讓

New Message

手機套的風水

淺藍色透明手機套

會選擇這款手機套，可能是喜歡透明色。透明色的手機套，搭配上不同顏色形狀的手機，風水都各有不同。淺藍色透明的手機套，若配上粉紅色手機，是在表達自己的個性；若手機為白色，則在表達自己的聰明。透明手機套與手機同色系，則可以支持自己，可能也可以得到別人的支持。若要與陌生人見面、或去面試，則暫時不適宜使用這款有顏色的透明手機套。

無色透明

對自己的手機顏色形狀都很滿意的人，可選擇這種機套來保護手機。

雖然無色透明，還是隱約透露著：要與人有一點距離。這表示，我自己儘管是大方公開的，但還是有一些東西永遠堅持不與人分享。間接傳達了需要人尊重的訊息。

自己每次開機時都會有愉快喜愛的感覺自然流露。

吊飾：

有質感的、不透明的垂掛吊飾，不宜為細小的珠珠，但可以多色搭配，甚至可以把自己喜愛的貼紙也貼在吊飾上。太輕巧的、羽毛型、紙片型則不適合。

鈴聲：

令你感覺輕鬆的音樂。有些女性可能會選擇情歌或浪漫音樂，即使實在特別喜歡，偶爾也不妨改為輕鬆音樂的鈴聲。

防止第三者介入

機型：

男性以摺疊機、只有單一螢幕的為佳。女性也是以摺疊機、單一螢幕為佳，另外，機殼上的貼紙或花色，不宜紅色。

如果不是使用摺疊機，可以加上手機套。若是雙螢幕，則以藍色貼紙蓋住一個，這些都是暫時性的，當沒有第三者介入的危機時，即可恢復原狀。

手機套：

男性以皮製的手機套為宜，女性則選跟皮包同色系的手機套，或白色手機套。最忌鏤空編織的手機套。

貼紙或螢幕圖形：

不宜有螢幕圖形，不宜貼貼紙，若有需要最多只能貼一枚。

吊飾：

選擇三個相同顏色的垂飾，白色最佳。

鈴聲：

你喜歡的宗教音樂、搖滾樂、歌詞為男女對唱的曲子。

手機套的風水

硬殼的手機套

這款手機套像個盒子似的，可能不是完全包裹著手機，而比手機大些。

覺得受傷害找不到人傾訴，想躲起來一個人療傷時可以選擇這款手機套。若顏色是白色與黑色的，都有「受到保護，重新喚醒生長能力」的幫助意義。

塑膠製的手機套

這款手機套也不一定可以合身帶著，有些只有手機的3/5大小，有可提的手把，看來像個籃子。適合想要放鬆、以好玩的心情工作的人。當然，平時保持緊張或機動性的人可能覺得手機套露洞太大，怕手機會掉出來；同時也正好提醒了這種人，是否太在意某些事情，需要讓自己放鬆一下？

有一個給情侶的小建議。兩個人選用同色系的手機套時，雙方之中個性較急躁的，選用較淺色的那一個，會有協調效果。

風水改運小叮嚀

鈴聲、顏色、組件搭配這三項，花費不高、操作起來也方便，但必須先強調，不論是哪一項更換之後，**都必須使用一個禮拜到三個月才能發揮效果**。

種種風水調整，以量身訂做為第一理想，但量身訂做偏向整體人生，大部分時刻，我們若只是為了因應某個階段的一時特殊需要，那麼透過以上所說的方法，以手機配件來搭配改運也就夠了。

當然，若是你剛好要換手機，就可以考慮量身訂做，這會在下個單元「再來，我還可以量身訂做」介紹，並且可以搭配光碟和網站，讓你快速上手。

7
再來，我還可以量身訂做

再來，我還可以量身訂做

如何量身定做

所謂的量身訂做，就是已經對自己的個人特質先作了解，再根據你的特殊需要、期待的風水效果，去搭配號碼、機殼、顏色、鈴聲……等等，去配出一支手機來。

如果你希望達到某種調整效果，但不準備換手機，那麼可以回到前面說的利用配件、鈴聲等等來輔助；但如果你有這個需要，也剛好要換手機，你當然也可以考慮量身訂做。

要量身訂做，第一步當然是要先「量身」——了解自己的特質與需求。除了上文說的從原手機號碼、機殼等等去尋找線索，在這裡我們還有另一個更貼近人生全貌的方法——紫微斗數。

紫微斗數的角度

紫微斗數是一門利用星曜——也就是星星——的排列組合，來詮釋命運現象的學問。

「紫微」是全部一百多顆星曜中，具尊貴、領導潛能的一顆代表星；「斗」是衡量、秤量、計算的意思，「數」則是從「命數」的「數」字來的，前面講數字時說過，這個「數」是「定數」的意思，所以命數為「命運以一定的型態呈現」的意思。

綜合起來，「紫微斗數」，就是以紫微星為首的命數推斷。

人生基本上可分十二種大狀況：命（自我）、兄弟姊妹、夫妻、子

女、錢財、疾厄、遷移、人際關係、事業、田宅、福德、父母上，每個
人各自不同的星曜排列落在這些現象上的分布，就形成了一張命盤。(見
下圖)

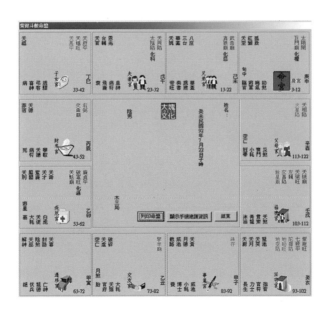

　　上面所說的十二種狀況，命盤上以「宮」來稱呼，命盤上的十二個
格子，分別就是命宮、夫妻宮、子女宮、錢財宮……共十二宮。解讀一
張命盤，就是看哪一顆星曜落在哪一個宮位上，一面分別看這張命盤在
夫妻、兄弟、遷移、錢財等狀況上的現象，一面再全面連結來看。

　　命盤，就是紫微斗數用以推算命運的工具。只要以出生年月日時排

出一張命盤，就可以對你、對你的人生窺知一二。以上是對紫微斗數的最基本解釋，如果你還想多知道一些，可以參見附錄：紫微斗數名詞認識與如何看命盤。

用命盤來訂做手機

推算出命盤，就可以「量身」，量身完當然就可以「訂做」。

手機機殼上的缺點，幾乎都可以透過貼紙、鈴聲……等配件去補足，一些基本款的手機要換殼也越來越方便；所以訂做手機最大的意義，是在訂做手機號碼。

用紫微斗數排出命盤，也是為了排出一組適合自己的手機號碼。

命盤怎麼對應手機號碼？前面談數字的時候，我們解釋過數字的時間與空間意義，命盤同樣具有時間與空間的意義；兩者的能量意義是互通的。以下我們一一說明。

就空間意義來說，命盤也可以看出「分布」和「架構」。

在命盤上，宮位自有不同分布，星曜也有不同分布，完整的命盤，要將宮位的分布疊上星曜的分布來看。命盤上的每一格宮位，都各自容納一組星曜，宛如一片天空，其實是一個讓人在其中發揮的空間。一張命盤就是由不同的天空所架構而成。

就時間意義來說，命盤也可看出「延續」。

人生何時開始、何時結束；何年發生什麼大事，之後又因此產生什

麼變化；運勢接連著起伏的狀況……等等，種種事件的延續發生，就形成我們的一生。在命盤上，可以看出這種種人生狀況的延續關係。

　　有這樣時間與空間上的呼應，數字與星曜的能量意義有時是互通的，也指向相同的人格特質；只要了解得夠通透，藉由星曜的能量去比對數字的能量，甚至可以給每個星曜一個代表數字。

　　一張由各星曜形成的命盤，宛如一組數字組成的手機號碼；一組數字組成的手機號碼，就包容在一組星曜形成的命盤中。

手機與命盤的互相對應、使用

　　量身訂做出來的手機，雖然仍是階段意義人過人生整體意義，但已經可以視作命盤的替代品了。

　　懂得紫微斗數，大可從命盤來解讀人生現象；但一般人不會隨身帶著命盤、卻會隨身帶著手機，這時手機就是代替命盤吐露個人特質的工具。而且正如我們一開始所說的，手機具有調整風水的效果，這是單就命盤上無法做到的。

　　兩者相比，各有優劣；命盤較手機全面而精確，手機較命盤機動而有趣，兩者各有優勢，如下頁所示。

命盤的優點	手機的優點
❶ 比起手機代表階段，命盤代表人生整體，呈現出的現象較為精確。 ❷ 因為可以詳細解讀一個人的命運，對未來的幫助，比手機大而長遠。 ❸ 手機呈現命運的時間頂多到使用前三個月，命盤更可以鑑古，針對已發生的事件作調整。 ❹ 手機所顯現的現象，屬個人較多，命盤卻可包容個人延伸出的12種現象。	❶ 手機比命盤方便，因為命盤需要正確完整的出生資料、懂得排盤方法，才能排出來參考，但手機沒有這個限制。 ❷ 手機比命盤隨機、廉宜。命盤顯示現象，風水調整還是要回到居住環境來著手，手機直接就可以藉著貼紙吊飾來做。 ❸ 因為手機人人都有，隨身攜帶，命盤卻沒辦法這樣，所以手機應用範圍較大，人人可算、時時可算。

　　不過，要再次強調，要量身訂做，還是要以命盤為本，訂做手機是根據命盤來的。因此手機所可推算出來的命運，是命盤中的一部分，是替代性的命盤。有了命盤，有無手機皆可。若不知道命盤而有手機，至少也有個依循。要是有命盤也有手機，兩者可以互相搭配研究；手機是命盤的部分代言人，命盤是真正的命運產品；以手機調整即時狀況，用命盤處理一生，就很圓滿了。

144種命盤與手機選擇

（可搭配網站、命盤CD-ROM使用）

　　不過就算你對紫微斗數什麼都不懂也沒關係，可以把隨書附上的光碟放進電腦裡，或連上慧心齋主個人網站「隨身風水」：http://locuspublishing.com/fengshui，再輸入國曆出生年月日，就可以得到你的命盤、還有一組量身訂做的手機建議。

　　一百多顆星曜配上十二種宮位的變化，命盤組合可以多達十幾萬種。但所有的命盤，皆以命宮配合三方四正爲基礎，發展連結而成；而命宮代表的是「自我」，不管命運如何發展，「自我」都是最基礎的。因此據命宮配合三方四正，提供這144種手機選擇。

　　所提供的手機建議，以三個原則爲主：一、使本質中好的部分顯現出來；二、使未開發的潛能有機會展現；三、個人的不足，都在號碼、鈴聲、貼紙、螢幕圖形、吊飾的建議上，做了趨吉的調整。

　　每個命盤，因應前面分析手機號碼時所說的，提供一組後四碼的建議。這項建議以四個號碼皆備最理想，若沒辦法，四個號碼裡面有任兩個出現，也就很合用了。

　　除此之外，若你有任何問題，都可以連上「隨身風水」網站，在討論區上提出。網站上也會陸續推出更多手機風水和紫微斗數資訊，敬請期待！

冰藍機魅力風水大

冰藍機所透露的風水訊息，也正是它

看完了這本書，現在你也能夠為自己

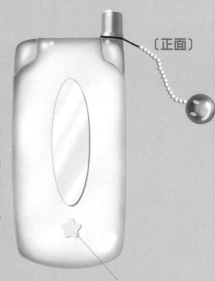

〔正面〕

吊飾
如一元硬幣大小、總長度不超過2.5公分、兩面都是笑臉、藍色

這枚吊飾的風水意義是：我很快樂，也希望自己快樂，我要自由自在的休息唱卡拉OK外加玩樂幾天。

如果同樣的吊飾，顏色換成紫色的，則是可以讓自己一個人靜一靜想點事情。如果自己沒有這種需要，不宜採用這種吊飾，因為反而可能讓自己原來清楚的事，得重新思考，或暫時陷入矛盾與混亂。

〔背面〕

星形貼紙
貼在正面來電顯示下方，星形、粉紅色。

這枚貼紙的風水意義是：我要談戀愛了，或者是我正在談戀愛，心中充滿了溫暖溫馨的感覺，很快樂。

花形貼紙
直徑兩公分，距手機底部1.5公分。

這枚貼紙的風水意義是：要好好做自己、開展人際關係，成為眾人眼神的關注目標，受到大家的圍繞、讚美與保護。

解密！

具有特殊魅力的原因！
打造一款專屬的風水手機囉！

SOGI

長14公分

冰藍色

半透明的冰藍色，看起來很聰明，也有透析事情、不被迷惑的意義。這對緊張忙碌的現代人而言，有提神醒腦的作用。半透明所以也有透明的存在，透明表示光線可以照射透入而產生光譜——也就是彩虹，彩虹的象徵既有美感，涵義也很好。因為這七色跟人的七個脈輪是相對應的。因此在冰藍之下又內在豐富，具有身心暢通的潛能意義。

冰藍雖然是適合夏天的顏色，但不妨礙在其他季節以顏色來做改變，冬天也可以加上手機套。

螢幕長4公分、寬3公分

天線直徑0.6公分、高1公分

機型

摺疊機的設計跟冰藍色正好互補。冰藍色的透明，減少折疊機的笨重感。適合一個較大的螢幕，代表心胸寬大，大腦內可裝更多知識。而透明白色帶來的擴散感覺，則因為折疊機有機蓋，不會讓隱私擴散。也因為摺疊機比同尺寸的無蓋手機厚重，可以彌補某些人對半透明的不安感。

yes

C

no

厚1.5公分

圓形、凸出按鍵

寬4公分

A

為冰藍機所搭配的號碼

0903621328

這款手機號碼與機型經過特別設計搭配，可以互相補足兩方的缺點。

手機號碼的總合是7，擅於分析，冰藍的剔透可以協助7的分析能力，對分析這個特質有正面的支持，減少走到死胡同的機會。

號碼中出現了兩次2，2的優點是合群、喜愛熱鬧，缺點卻是不夠獨立；冰藍手機的獨立自主，正好可以讓自己學會與自己相處。

這個號碼前三碼090，透露著此號碼的使用者，可能往往會站在自己的立場看事情。而冰藍機的清明暢通，則正好補足了這方面的缺點，能幫助自己「跳開」來看事情，懂得學會為別人設想，讓對方有路可走，自己的心胸因此更擴大，發揮出數字9的海闊天空。帶動了暢通力量，使自己不離社會脈動又不會陷於複雜人際之中，錢財上亦跟著暢通。

最後四碼1328，1的獨立特質，促使3有較多表達自己的力量與意願，2則帶來人際關係與多面思考，避免了過度堅持己見；在此搭配下的最後一碼8，一方面代表著豐收的果實，帶動1與3向前努力的動力，一方面則是好人緣、讓眾人喜歡的數字。

為人著想的6的特質，能夠提醒使用者真誠；尾數8除了協助3發揮以藝術表達自己的特質之外，還可以多多參與社交活動。

最後：一些提醒

1

關於手機風水，本書所寫的是提綱挈領的重點，以及一點建議、一些入門的方法。

談手機風水，要真的深入、完整，要從兩個方向：

一、請專家量身訂做。根據出生資料，參考紫微斗數命盤，再就使用者的意願、目標、喜好，搭配出最恰當的號碼機型，及因應各種狀況的貼紙吊飾。

二、自己體會。自己最了解自己的個性、需求、喜好。為自己安排手機風水，需要一點時間來觀察了解自己；了解自己、為自己設計風水、調整命運，這整件事情，就是喜愛自己的心情與行動，既有快樂有趣的過程，也帶來改變命運的實際好處。

若已經能夠自己體會的，自己就是專家；要不就是請教專家來根據你的狀況量身訂做。本書則正適合以介於兩者之間的心態來閱讀，參考專家的建議，一面自己體會。

2

改變是一件很有意義的事，尤其當我們需要改變，又知道方向時。

然而大部分時候，我們其實都會有「這樣就好了，省得麻煩」的惰性，或是「不知未來會如何，不要改變了」的擔憂與不安。

雖然如此，我們仍每天都在改變，不論我們知不知道、願不願意。早上起床，先漱口才洗臉就是改變；想著吃飯，但決定做完工作也是改變。我們的心智隨著年齡與經驗更成熟、身體隨著成長更有力，更是不知不覺的改變。

改變其實是牽一髮動全身，只要有一個想法改變，改變就形成了。

3

所以，任何人都有安排自己命運的潛能。只是對大多數人而言，即使這潛能已經浮上檯面，仍不知道這樣的想法是可以改變命運的。好比很想給黑色手機編一個粉色的手機套、在牆上掛一副海景圖，但一直拖著沒去做；或想學一項新語言，又因時間不敷安排而打消念頭，殊不知學會了新的語言在未來若干年會成為一項生財工具，只要將眼前的時間稍作調整就可以如願。

很多時候，我們以後天的種種限制，壓抑住心中直接原始的想法，也限制了潛能開發的源頭。

事實上，只要我們能看見自己的潛能，我們就能為自己算命、轉運、創造未來。

4

　　本書數字的部分，還有很大的發展、探討空間；有些顏色鈴聲配件的建議仍未在市面上出現，但手機發展日新月異，目前已經開發出直接下載CD曲目作爲鈴聲的技術，相信在不久的將來，書中的建議也都可以一一實現。

　　作爲一個提綱挈領的開頭，本書希望給大家一點轉運的、善待自己的建議，及潛能開發的提醒。藉著與我們生活息息相關的手機，敲開每個人內心世界的大門。希望在看過這本書之後，每個讀者都知道如何爲自己算命、轉運、創造未來。

附錄：
紫微斗數名詞認識 與如何看命盤

紫微斗數名詞認識

（一）十二宮位：包括命宮、父母宮、兄弟姊妹宮、夫妻宮、子女宮、財帛宮、疾厄宮、遷移宮、交友宮、事業宮、田宅宮、福德宮。以下大略解釋：命宮，一個人一生命運的總合，也是十二宮位的首領（同時另有「身宮」，則是屬於後天的，代表命宮的顯像，潛能的表現）。父母宮，了解關於父母的各種狀況，是否得到照顧、與父母的關係……等。兄弟姊妹宮，了解與兄弟姊妹的關係，親近或互相排斥。夫妻宮，了解婚姻狀況、夫妻感情。子女宮，了解子女多少、親子關係。財帛宮，了解財運如何、以何種事業進財。疾厄宮，了解身體健康狀況。遷移宮，了解遠行、搬家、旅遊等狀況。交友宮，了解人際關係的好壞。事業宮，了解宜從事何種職業、是否適合創業。田宅宮，了解家產祖業、居處及辦公室環境如何。福德宮，了解個人的物質狀況與伴隨來的心情、精神狀況。

（二）本宮：是一種代名詞。若研究命宮，則命宮為本宮；若研究夫妻宮，則夫妻宮為本宮。

（三）對宮：一宮位固定後，與其相對的宮位，稱為對宮。

（四）三方：以本宮爲主，順時針、逆時針各數五格的宮位，加上對宮，合稱三方。

（五）四正：三方再加上本宮，合稱四正。研究命盤，無論研究哪一個宮位的現象，都需考慮三方四正。網站與光碟所提供的144種建議，以命宮爲主，也依三方四正做過融合。

（六）大運（大限）：依著紫微斗數的規則，把人生以十年爲單位，分爲若干十年，也就是若干大運。

（七）流年：指的是「一年」，而且是眼前正在過的那一年，例如今年2003年是癸未年，流年運氣很好，流年就是指今年這個癸未年。紫微斗數說流年時，都是以農曆來說。

（八）星曜：紫微斗數共有115顆星曜，甲級星曜共有28顆，分爲16顆主星、6顆吉星、6顆煞星。其餘分爲乙、丙、丁、戊等四級。甲級主星分別是：紫微星、天機星、太陽星、武曲星、天同星、廉貞星、天府星、太陰星、貪狼星、巨門星、天相星、天梁星、七殺星、破軍星、祿存星、天馬星共16顆。甲級星坐在命宮影響力最強，研究命盤應以甲級星爲主。

如何看命盤

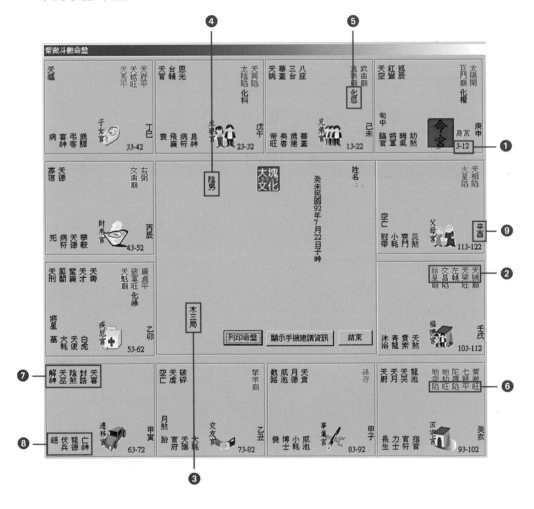

❶ 大運的年份，3-12是指3歲到12歲，每十年一個大運。每個大運的命運狀況要搭配該格宮位中星曜的表現來看。

❷ 右上角這些，都是紫微斗數中的甲級星曜，也是解讀命盤時，最重要最需參考的星曜。

❸ 木三局：還有水二局、金四局、土五局、火六局共五種。用來區分大運時間分界點。木三局，則大運分界點在3，3到12歲、13到22歲這樣分；若是水二局，則分界點在2，2到13歲、12到21歲這樣分。

❹ 陰男：分男女之後又分陽男、陰男、陽女、陰女。以出生年來分，出生年個位數字（以民國計）是單數的，如民國21、33年，男性是陽男，女性則是陰女；出生年個位數字是雙數的，如民國50、62年，男性是陰男、女性則是陽女。這是用來區分大運在命盤中的順與逆。陽男與陰女的大運，是由命宮開始順時針方向推移；陰男與陽女則是逆時針方向推移。

❺ 化祿、化科、化權、化忌，是四顆星，但不會單獨存在，用來引申與張顯甲級星曜的本質。化祿代表「流動」、化科代表「提升」、化權代表「擁有」、化忌代表「阻礙」。

❻ 廟、旺、利、平、閑、陷，是六種表示星曜亮度、強度的專用名詞，跟著星曜出現，廟是最亮、依次而下，陷是無光。

❼ 排在命盤中宮位左上角，字體較小的這些星曜，是紫微斗數中的乙級星曜，地位僅次於甲級星曜。

❽ 排在命盤中宮位左下角，字體更小的這些星曜，是紫微斗數中的丙、丁、戊級星曜，地位次於乙級星，影響力較小。

❾ 甲乙丙丁戊己庚辛壬癸是年干、子丑寅卯辰巳午未申酉戌亥是年支，合起來是干支。年支在每個命盤中的位置都一樣，用以辨明指稱宮位位置；年干的排列則因每人的出生年月日時而不同，每一個年干背後都有會帶動一種四化星的現象，再配合著解讀命盤。

105 台北市南京東路四段25號11樓

大塊文化出版股份有限公司　收

地址：□□□ ＿＿＿＿＿＿市／縣＿＿＿＿＿＿鄉／鎮／市／區
＿＿＿＿＿＿路／街＿＿＿段＿＿＿巷＿＿＿弄＿＿＿號＿＿＿樓
姓名：

編號：FS 001　書名：手機來算命

 **讀者回函卡**

謝謝您購買這本書，為了加強對您的服務，請您詳細填寫本卡各欄，寄回大塊出版 (免附回郵) 即可不定期收到本公司最新的出版資訊。

姓名：＿＿＿＿＿＿＿＿＿＿＿＿ 身分證字號：＿＿＿＿＿＿＿＿＿＿

住址：＿＿＿＿＿＿＿＿＿＿＿＿＿＿＿＿＿＿＿＿＿＿＿

聯絡電話：(O)＿＿＿＿＿＿＿＿＿ (H)＿＿＿＿＿＿＿＿＿

出生日期：＿＿＿年＿＿＿月＿＿＿日 E-mail:＿＿＿＿＿＿＿＿＿

學歷：1.□高中及高中以下 2.□專科與大學 3.□研究所以上

職業：1.□學生 2.□資訊業 3.□工 4.□商 5.□服務業 6.□軍警公教
7.□自由業及專業 8.□其他＿＿＿＿＿

從何處得知本書：1.□逛書店 2.□報紙廣告 3.□雜誌廣告 4.□新聞報導
5.□親友介紹 6.□公車廣告 7.□廣播節目8.□書訊 9.□廣告信函
10.□其他＿＿＿＿＿＿

您購買過我們那些系列的書：
1.□Touch系列 2.□Mark系列 3.□Smile系列 4.□Catch系列
5.□tomorrow系列 6.□幾米系列 7.□from系列 8.□to系列

閱讀嗜好：
1.□財經 2.□企管 3.□心理 4.□勵志 5.□社會人文 6.□自然科學
7.□傳記 8.□音樂藝術 9.□文學 10.□保健 11.□漫畫 12.□其他＿＿＿

對我們的建議：＿＿＿＿＿＿＿＿＿＿＿＿＿＿＿＿＿＿＿＿

＿＿＿＿＿＿＿＿＿＿＿＿＿＿＿＿＿＿＿＿＿＿＿＿＿＿＿

＿＿＿＿＿＿＿＿＿＿＿＿＿＿＿＿＿＿＿＿＿＿＿＿＿＿＿

LOCUS

LOCUS

LOCUS

LOCUS